Edeltraud Rückert

Die Erfolgsdiät
Low Carb mediterran

Mit allen Sinnen auf eine genussvolle Reise
zu mehr Leichtigkeit

Abnehmen mit wenig Kohlenhydraten

Verlag Ernst Kaufmann

Inhalt

Die mediterrane Küche und genussvolles Essen

bilden seit jeher eine wohlbekannte Einheit. Wenn aber diese Verbindung als Leitgedanke für ein Kochbuch steht, das der Gewichtsreduktion dienen soll, entwickelt sich eine ganz besondere Note.

Während Sie jetzt das Buch in Händen halten und vielleicht darüber nachdenken, inwieweit Sie tatsächlich mit Genuss zu mehr Leichtigkeit gelangen können, möchte ich Sie ganz einfach einladen:

Machen Sie sich mit mir gemeinsam auf zu einer überraschenden Reise in die Welt der mediterranen Low-Carb-Küche!

Ich möchte Sie durch hochwertig präsentierte Speisen anregen und Ihnen Lust auf mehr machen, während Sie sich Schritt für Schritt auf den Weg zu einer Umstellung Ihrer Ernährung begeben.

Mir geht es darum, Sie zu begeistern: durch absolut schmackhafte Gerichte, die Spaß machen beim Zubereiten, beim Genießen und beim Blick auf die Waage. Gerichte, die alltagstauglich sind, überschaubar im Aufwand und groß in der Wirkung.

Die „richtigen" Kohlenhydrate

Normalerweise fallen einem unter dem Stichwort „Kohlenhydrat-Quelle" sofort Nudeln, Kartoffeln und Brot, aber auch Früchte und Gemüse ein.
Doch Kohlenhydrat ist nicht gleich Kohlenhydrat. Und deshalb heißt es auch „Low Carb" und nicht „No Carb"!

Unser Stoffwechsel reagiert nämlich sehr unterschiedlich auf den molekularen Aufbau des jeweiligen Kohlenhydratlieferanten.
Grundsätzlich steigt der Blutzuckerspiegel, wenn wir Kohlenhydrate zu uns nehmen. Die Bauchspeicheldrüse gibt daraufhin Insulin ab, was wiederum dazu führt, dass sich die Körperzellen für die Aufnahme von Kohlenhydraten und anderen Nährstoffen öffnen. Sind die Speicher gefüllt, wird der Restzucker zu Fett umgebaut und als Reserve für „schlechte Zeiten" in den Fettzellen aufgehoben.

Entscheidend ist die Geschwindigkeit, mit der der Blutzuckerspiegel steigt. Dieser bewegt sich nur langsam aufwärts, wenn Sie beispielsweise ein halbes Kilo Gemüse essen. Denn stärkefreies Gemüse enthält vor allem komplexe Kohlenhydrate, die der Körper zunächst einmal zerlegen muss. Daher bleibt der Blutzuckerspiegel längere Zeit auf einem Niveau. Essen Sie jedoch die gleiche Menge Kohlenhydrate in Form von knusprigen weißen Brötchen, steigt der Blutzuckerspiegel hingegen sehr rasch an, um fast ebenso schnell wieder abzusinken. Das Resultat: Wir bekommen Heißhunger – und dieser ist unser größter Feind.

Doch Eiweiße und Fette können uns helfen: Kombiniert man in einer Mahlzeit Eiweiße und Kohlenhydrate, also etwa Fleisch oder Fisch mit Gemüse, wie dies in vielen meiner Rezepte der Fall ist, dann verhindert das Eiweiß den zu raschen Anstieg des Blutzuckerspiegels. Auch Fette, also gesättigte und ungesättigte Fettsäuren, halten den Blutzuckerspiegel in der Balance. Sie sorgen dafür, dass Kohlenhydrate langsamer an das Blut abgegeben werden. Was dazu führt, dass das Sättigungsgefühl länger anhält – praktisch, oder nicht?!

Rezepte entstehen

Es trifft es wohl am besten, wenn ich sage, dass sich in meinen Kochbüchern auch meine drei größten Leidenschaften verbinden: die gesunde Küchenkunst, die Fotografie und das Reisen. Mit Hingabe und Leidenschaft, mit äußerster Sorgfalt, großer Neugierde, Spaß am Unkonventionellen und jeder Menge Fantasie übe ich sie aus.

Die Basis für meine Rezeptideen sind übrigens meine Reisetagebücher, als Inspiration und hervorragende Möglichkeit zu tiefgründigen Blicken in die Kochtöpfe dieser Welt. Gesammelt habe ich nach der ganz einfachen Regel: „Was mir schmeckt, wird notiert."

Ich lasse mir viel Zeit für meine Aufzeichnungen. Gleichzeitig bin ich bei der Erstauswahl von Gerichten intuitiv unterwegs. Ich verlasse mich da gern auf das Erinnerungsvermögen meines Gaumens. Selbstverständlich passt nur, was sich auch wirklich perfekt nach den Low-Carb-Standards umkomponieren lässt.

In dieser Phase schlendere ich im Übrigen besonders gerne über Wochenmärkte. Dies weniger um Lebensmittel einzukaufen, sondern vielmehr der Inspiration wegen. Ich lasse mich verführen von den Farben, dem intensiven Duft, der ungeheuren Vielfalt. Ich verkoste hier und da, lasse mir das eine oder andere auf der Zunge zergehen und tauche regelrecht in die Atmosphäre der Frische ein.

Das Zubereiten findet übrigens, ich hoffe sie sind jetzt nicht allzu enttäuscht, keineswegs in einem Hightech-Kochstudio statt, sondern in meiner nicht besonders großen Küche. Das passt irgendwie zu mir und zeigt, dass ein Gelingen der Rezepte keinesfalls gekoppelt ist an irgendwelche aufwendigen Rahmenbedingungen.

Low Carb mediterran: Einfach zu mehr Leichtigkeit

Es geht mir um die Einfachheit. Allein schon deshalb, weil es um eine Ernährungsumstellung geht. Die Hürden für die Umsetzung sollten folglich so niedrig wie möglich sein, Alltagstauglichkeit steht im Vordergrund. Es geht mir um köstliche und vielseitige Variationen. So sollen Sie mit den einfachen Regeln des Low-Carb-Gedankens im wahrsten Sinne des Wortes auf den Geschmack und ans Ziel kommen: eine nachhaltige Umstellung Ihrer Ernährungsgewohnheiten mit messbarem, sichtbarem und fühlbarem Erfolg!

Keine Sorge, auch wenn das Konzept auf Langfristigkeit ausgelegt ist, lassen sich rasche Erfolge bei einigermaßen konsequentem Vorgehen gar nicht vermeiden. Der Unterschied zu manch anderer Diätform ist: Über konsequentes Reduzieren, also „Low"-Halten der Kohlenhydrat(„Carb")-Zufuhr, trainieren wir unseren Stoffwechsel um.

Als ersten Schritt üben Sie, die Qualität und Menge der Kohlenhydrate, die Sie bisher verzehrt haben, zu verändern, um ihrem Körper die nötige Energie zur Verfügung zu stellen. Was die klassischen Kohlenhydratquellen wie Nudeln, Kartoffeln und Brot leisten, können auch Gemüse und Früchte. Und zwar besonders gut, wenn man sie mit Eiweißen und hochwertigen Fetten kombiniert.

Perfekte Vorlage aus der mediterranen Küche

Für diesen simplen Grundmechanismus bietet die mediterrane Küche eine perfekte Vorlage.
Sie stellt uns eine köstliche Vielfalt aus Gemüse, Kräutern, Früchten, Fleisch, Fisch, Meeresfrüchten und hochwertigen Olivenölen zur Verfügung. Es fällt leicht zu reduzieren, weil eine Fülle von Wahlmöglichkeiten viel Spielraum lässt. Zugegeben, wer mediterran sagt und Pasta denkt, ist für den Moment noch

etwas einspurig unterwegs. Aber keine Sorge, das wird noch.

Unsere Reiserouten sind weitläufig. Wir bewegen uns großzügig und nehmen von Italien über Frankreich und Spanien bis Griechenland ganz herrliche Variationen mit, die nichts vermissen lassen. Ein paar Exkursionen konnte ich mir übrigens nicht verkneifen, und das macht die Reise ja auch wiederum spannend. Also freuen sie sich auf den einen oder anderen marokkanisch, tunesisch, zyprisch oder türkisch angehauchten Abstecher von der Hauptroute.

Olivenöl – was sonst?!

Ein Wort zum Fett: Ganz ohne soll und kann es nach den Low-Carb-Maßstäben keinesfalls gehen!
Prima, dass quer durch alle mediterranen Küchen fast ausschließlich hochwertige, kaltgepresste Olivenöle verwendet werden. Das erweist sich in vielerlei Hinsicht als regelrechter Joker, denn der Qualitätsanspruch an eine hochwertige Fettquelle wird perfekt erfüllt. In reduziertem Maß verwendet, lässt sich Olivenöl exakt in den Low-Carb-Rahmen einpassen. Dem Ziel der Gewichtsreduktion steht also nichts entgegen, und geschmackliche Einbußen sind absolut nicht zu befürchten.

Ein geniales Zusammenspiel: Wir versorgen uns im richtigen Maß mit lebenswichtigem Fett, und die positive Gesamtwirkung auf Körper und Gesundheit nehmen wir gewissermaßen als gewichtsneutrale, aber bedeutungsvolle Beigabe mit. Nachgewiesenermaßen erfreuen sich die Bewohner des Mittelmeerraumes im internationalen Vergleich einer hervorragenden Gesundheit. Das gilt besonders in Bezug auf Herz-Kreislauf-Erkrankungen, Diabetes, Gicht oder eben Übergewicht.
Gut für uns! In der Kombination mit den anderen Eckpfeilern der mediterranen Küche bewegen wir uns also in einem perfekten Rahmen.

Schwelgen in grüner Vielfalt

Frische Kräuter sind die Zutat, die sie vorbehaltlos verschwenderisch verwenden dürfen.
Nutzen Sie die Chance, so auch Ihren Geschmackssinn neu zu trainieren. Greifen Sie ganz bewusst zu verschiedenen Kräutern, auch außerhalb der Rezeptangaben. Riechen und schmecken Sie, welche Genussvielfalt durch das frische Grün entsteht. So können Sie ganz individuell ein paar Schlenker abseits unserer Hauptroute machen, ohne das Gesamtziel zu gefährden.

Wunderbar, wie sich das Aroma von Fleisch, Gemüse und Fisch durch würziges Kräutergrün anheben lässt. Die Auswahl zwischen Basilikum und Brunnenkresse, Estragon, Kerbel, Knoblauch, Koriander und Majoran über Minze, Oregano, Petersilie, Rosmarin, Salbei und Thymian bis zur Zitronenmelisse ist groß und in dieser Aufzählung keinesfalls vollständig.

Mit allen Sinnen zu mehr Leichtigkeit

Bevor Sie sich jetzt zu Ihrer ganz persönlichen Reise durch meine Welt der mediterranen Low-Carb-Küche aufmachen, noch ein Wort: Wählen Sie Ihre Route mit Bedacht, nehmen Sie sich Zeit und stimmen Sie Körper und Geist auf Ihre neuen Wege ein.
Das Bild der mediterranen Leichtigkeit, der Lebensart und der entspannten Einstellung möchte ich Ihnen dafür ganz besonders ans Herz legen. Gehen Sie mit Neugierde an neue Variationen, entdecken Sie, wie viel Freude das sorgfältige Auswählen und das genussvolle Zubereiten machen.
Lernen Sie den Genussfaktor, der sich

im delikaten Anrichten verbirgt, ganz bewusst auf intensive Weise kennen. All das gehört mit zum Weg zu einer dauerhaften Umstellung Ihrer Ernährungsgewohnheiten.
Sie werden sehen, trotz Reduktion ergibt sich ein unvergleichlicher Mehrwert für Ihren Alltag.

Und das hat übrigens weniger mit Zeit als vielmehr mit Neugierde zu tun auf die Chancen neuer Wege und der Bereitschaft, sich ganz darauf einzulassen:

„Mit allen Sinnen auf eine genussvolle Reise zu mehr Leichtigkeit gehen."

Viel Erfolg!
Ihre
Edeltraud Rückert

Frühstück und Lunch

Frankreich

Artischockenhäppchen

Zutaten
2 Portionen

3 Artischockenherzen
(aus dem Glas)
10 Zitronenthymianzweige
150 g Frischkäse
1 EL Balsamico bianco
Salz
Pfeffer, weiß, frisch gemahlen
2 große Tomaten

Die Artischockenherzen in einem Sieb abtropfen lassen.

Zwei Artischockenherzen klein hacken, das dritte zur Dekoration in dünne Scheiben schneiden.

Vier Zweige Zitronenthymian kurz waschen und die Blättchen abzupfen.

Den Frischkäse mit dem Balsamico vermengen und mit Salz und Pfeffer würzen.

Klein gehackte Artischocken, Frischkäse und Zitronenthymian miteinander vermengen.

Jede Tomate in sechs Scheiben schneiden und etwas salzen.

Zwischen zwei Tomatenscheiben eine Portion Artischockenfrischkäse füllen, mit einer Artischockenscheibe und einem Zitronenthymianzweig dekorieren.

Pro Portion	kcal	kJ	Fett	Eiweiß	KH
Gesamt ca.	149,6	621,4	8,6	9,3	7,5

Zubereitungszeit: ca. 15 Minuten

Lachsterrine

Frankreich

Zutaten
2 Portionen

400 g Lachsfilet, frisch
1 Eiweiß
80 g Sahne
80 g Crème fraîche
1 Eigelb
Salz
Pfeffer, weiß, frisch gemahlen
10 g Butter
200 g Brokkoli
3 EL Nussöl
1 EL Limettensaft
4 Limettenscheiben

Lachsfilet waschen, entgräten, in Stücke schneiden und zusammen mit dem Eiweiß in einem Mixer sehr fein pürieren.

Sahne, Crème fraîche und das Eigelb unter das Lachspüree rühren, mit Salz und Pfeffer würzen. Eine Terrinenform mit Butter einfetten.

Das Püree in die Form einfüllen, glatt streichen und mit Alufolie abdecken.
Eine große Auflaufform mit heißem Wasser füllen, die abgedeckte Terrine hineinstellen und die Masse im vorgeheizten Backofen bei 150 °C ca. 30 Minuten garen.

Brokkoli in kochendem Salzwasser ca. 4 Minuten blanchieren, kalt abschrecken und auf zwei Tellern anrichten.

Ein Dressing aus Nussöl, Limettensaft, Salz und Pfeffer über den Brokkoli träufeln.

Die erkaltete Lachsterrine aus der Form auf einen Teller stürzen, in Scheiben schneiden und zum Brokkoli anrichten.

Mit Limettenscheiben dekorieren.

Pro Portion	kcal	kJ	Fett	Eiweiß	KH
Gesamt ca.	660,2	2755,8	49,9	36,8	4,8

Zubereitungszeit: ca. 40 Minuten

Frankreich

Erdbeeren mit Camembert

Zutaten
2 Portionen

250 g Camembert
250 g Erdbeeren
1 Bund Zitronenthymian
Pfeffer, bunt gemischt, frisch gemahlen
1 EL Balsamico
1 EL Limettensaft
1 Prise Steviapulver
2 Limettenscheiben

Den französischen Camembert Ihrer Wahl ca. eine Stunde vor dem Anrichten aus dem Kühlschrank nehmen, damit er sein ganzes Aroma entfalten kann.

Die Erdbeeren waschen, putzen und in kleine Würfel schneiden. Den Zitronenthymian abzupfen.

Pfeffer, Zitronenthymian, Balsamico, Limettensaft und Stevia mit den Erbeeren vermengen und ca. 10 Minuten marinieren.

Den Camembert mit den Erdbeeren auf zwei Tellern anrichten und mit einer Limettenscheibe dekorieren.

Pro Portion	kcal	kJ	Fett	Eiweiß	KH
Gesamt ca.	385,8	1615,5	26,8	22,5	7,4

Zubereitungszeit: ca. 15 Minuten

Ziegenfrischkäse im Basilikumblatt

Frankreich

Zutaten
2 Portionen

150 g Ziegenfrischkäse
100 g Crème fraîche
3 Knoblauchzehen
1 Bund glatte Petersilie
1 Limette, unbehandelt
Pfeffer, schwarz, frisch gemahlen
20 große Basilikumblätter
4 große Tomaten
Salz
3 EL Olivenöl
5 Zitronenscheiben
Petersilie

Den Ziegenfrischkäse mit der Crème fraîche glatt rühren.
Den Knoblauch schälen und durch eine Presse drücken.

Die Petersilie waschen, trocken schütteln und fein hacken.
Die Limette heiß abwaschen, trocknen und 1 TL Schale auf einem Hobel fein abreiben.

Alle Zutaten mit der Käsecreme vermengen, mit Pfeffer, 1 TL Limettensaft würzen und ca. 15 Minuten im Kühlschrank kühl stellen.

Die Basilikumblätter kalt abbrausen und trocken tupfen. Je ein Blatt mit der Käsecreme füllen und mit einem weiteren Blatt abdecken.

Die Tomaten in heißem Wasser blanchieren, häuten, halbieren und klein würfeln. Mit Salz, Pfeffer, Olivenöl und 2 TL Limettensaft verrühren und auf zwei Teller verteilen.

Die Basilikumröllchen darauf anrichten und mit Zitronenscheiben und Petersilie garnieren.

Pro Portion	kcal	kJ	Fett	Eiweiß	KH
Gesamt ca.	387,2	1609,21	33,2	10,1	9,2

Zubereitungszeit: ca. 25 Minuten

Italien

Zutaten
2 Portionen

10 g Butter
1 EL Olivenöl
50 g Parmaschinken
2 Eier
Salz
30 g Crème fraîche
1 EL Milch
30 g Parmesan, frisch gerieben
2 EL Schnittlauch
2 große Tomaten
Pfeffer, schwarz, frisch gemahlen
1 EL Limettensaft

Spiegeleier Parma-Art

Die Butter zusammen mit dem Olivenöl in einer beschichteten Pfanne bei mittlerer Hitze schmelzen lassen.

Den Parmaschinken kurz anbraten, auf ein Küchenkrepp legen, zusammenrollen und warm stellen.

Eier in die Pfanne schlagen, leicht salzen und sanft braten, bis das Eiweiß beginnt fest zu werden.

Die Crème fraîche mit der Milch verrühren und über den Spiegeleiern verteilen. Mit dem frisch geriebenen Parmesan bestreuen. Einen Deckel auf die Pfanne legen und bei sehr geringer Hitze ca. 5 Minuten stocken lassen.

Den Schnittlauch waschen und in feine Röllchen schneiden.

Die Tomaten in heißem Wasser blanchieren, häuten und würfeln. Mit Salz, Pfeffer und Limettensaft würzen und auf zwei Teller verteilen.

Die Spiegeleier und den Parmaschinken daraufsetzen und mit den Schnittlauchröllchen garnieren.

Pro Portion	kcal	kJ	Fett	Eiweiß	KH
Gesamt ca.	304,3	1279,3	23,5	18,5	3,7

Zubereitungszeit: ca. 15 Minuten

Fleischwurstsalat

Italien

Die Fleischwurst enthäuten und in dünne Scheiben schneiden.

Die Mozzarellakügelchen halbieren, die Cocktailtomaten waschen und vierteln.

Den Paprika waschen, halbieren, entkernen und in kleine Würfel schneiden.

Frühlingszwiebel putzen, waschen und in sehr dünne Streifen schneiden.

Die kleinen Cornichons halbieren.

Alle Zutaten in eine große Schüssel geben und mit einem Dressing aus Olivenöl, Balsamico, Salz, Pfeffer und 3 EL Wasser vermengen.

Den Fleischwurstsalat auf Tellern oder in einer Schüssel anrichten und mit Basilikumzweigen dekorieren.

Zutaten
2 Portionen

200 g Fleischwurst
150 g Mozzarellakügelchen
100 g Cocktailtomaten
50 g Paprika, rot
50 g Paprika, gelb
1 Frühlingszwiebel
50 g Cornichons
2 EL Olivenöl
2 EL Balsamico bianco
Salz
Pfeffer, weiß, frisch gemahlen
2 Basilikumzweige

Pro Portion	kcal	kJ	Fett	Eiweiß	KH
Gesamt ca.	492,1	2071,8	40,8	21,6	4,7

Zubereitungszeit: ca. 15 Minuten

Italien

Zutaten
2 Portionen

4 Walnüsse
2 Chicorée
3 EL Walnussöl
3 EL Weißweinessig
Salz
Pfeffer, schwarz, frisch gemahlen
150 g Roastbeef
30 g Hartkäse, italienisch
2 Petersilienzweige

Roastbeef-Carpaccio

Die Walnusskerne grob hacken, in einer beschichteten Pfanne hellbraun rösten und abkühlen lassen.

Den Chicorée putzen, halbieren, den Strunk keilförmig herausschneiden und die Blätter längs in Streifen scheiden.

Aus Walnussöl, Weißweinessig, Salz und Pfeffer ein Dressing rühren.

Die Chicoréestreifen auf zwei Teller verteilen und die Roastbeefscheiben darauf anrichten.

Mit den Walnüssen bestreuen und dem Dressing beträufeln.

Italienischen Hartkäse darüberhobeln und mit einem Chicoréeblatt und einem Petersilienzweig garnieren.

Pro Portion	kcal	kJ	Fett	Eiweiß	KH
Gesamt ca.	349,1	1461,4	27,1	22,8	6,1

Zubereitungszeit: ca. 15 Minuten

Parmaschinken-Röllchen

Italien

Zutaten
2 Portionen

120 g Parmaschinken
250 g Ricotta
100 g Parmesan, frisch
Salz
Pfeffer, weiß, frisch gemahlen
5 Basilikumzweige
1 Bataviasalat
2 EL Olivenöl
2 EL Weißweinessig

Den Parmaschinken auf ein großes Stück Frischhaltefolie legen, sodass die Scheiben übereinanderlappen und ein längliches Rechteck ergeben.

Den Ricotta mit frisch geriebenem Parmesan verrühren und mit Salz und Pfeffer würzen. Drei Basilikumzweige waschen, trocken tupfen und fein hacken.
Die Creme auf den Parmaschinken streichen und das Basilikum darauf verteilen.

Den Parmaschinken mithilfe der Frischhaltefolie zu einer länglichen Rolle aufrollen, verschließen und für ca. 15 Minuten in das Gefrierfach legen.

Den Bataviasalat, putzen, waschen, trocken schleudern und auf zwei Tellern anrichten. Mit einem Dressing aus Olivenöl, Weißweinessig, Salz und Pfeffer beträufeln.

Die erkaltete Parmaschinkenrolle in Scheiben schneiden und zum Salat anrichten.

Mit je einem Basilikumzweig dekorieren.

Pro Portion	kcal	kJ	Fett	Eiweiß	KH
Gesamt ca.	498,8	2088,6	36,0	39,4	3,3

Zubereitungszeit: ca. 25 Minuten

Griechenland

Avocado-Carpaccio

Zutaten
2 Portionen

3 EL Walnussöl
3 EL Weißweinessig
Salz
Pfeffer, weiß, frisch gemahlen
½ TL Oregano, getrocknet
2 Avocados
3 EL Limettensaft
100 g Champignons, frisch
100 g Cocktailtomaten
1 Schalotte
60 g Rinderschinken, luftgetrocknet

Aus Walnussöl, Weißweinessig, Salz, Pfeffer und Oregano ein Dressing rühren.

Avocados schälen, halbieren, entkernen, in dünne Scheiben schneiden und auf zwei Tellern anrichten.

Mit 1 EL Limettensaft und der Hälfte des Dressings beträufeln. Die Teller mit einer Folie abdecken und für ca. 10 Minuten ziehen lassen.

Die Champignons putzen, in feine Streifen schneiden und sofort mit 2 EL Limettensaft beträufeln, damit sie weiß bleiben.

Die Cocktailtomaten waschen und vierteln. Die Schalotte schälen und fein hacken.

Alle Zutaten in eine Schüssel geben, mit dem restlichen Dressing vermischen und auf die Teller verteilen.

Den Rinderschinken dekorativ auf den Avocadoscheiben anrichten.

Pro Portion	kcal	kJ	Fett	Eiweiß	KH
Gesamt ca.	476,7	2040	42,9	14,5	3,5

Zubereitungszeit: ca. 20 Minuten

Ziegenkäse-Apfel-Omelett

Griechenland

Zutaten
2 Portionen

1 Apfel
1 EL Olivenöl
100 g Ziegenfrischkäse
4 Eier
2 EL Milch
Salz
Pfeffer, weiß, frisch gemahlen
30 g Butter
1 Tomate
Petersilie

Sie können das Omelett einzeln oder in zwei Pfannen zubereiten.

Den Apfel schälen, halbieren, entkernen und in dünne Scheiben schneiden.

Das Olivenöl in einer Pfanne erhitzen, die Apfelscheiben leicht anbräunen und beiseitestellen.

Den Ziegenfrischkäse in dünne Scheiben schneiden.

Die Eier mit der Milch verquirlen, mit Salz und Pfeffer würzen.

Die Butter in der Pfanne erhitzen, die Eier dazugeben und sanft braten. Das Omelett wenden, sobald es leicht gebräunt und stabil ist.

Ziegenkäse und Apfelscheiben auf eine Hälfte des Omeletts verteilen, die andere Hälfte darüberklappen.

Auf einem Teller anrichten, mit Tomatenscheiben und Petersilie garnieren.

Pro Portion	kcal	kJ	Fett	Eiweiß	KH
Gesamt ca.	394,3	1666,5	32,9	21,4	6,0

Zubereitungszeit: ca. 10 Minuten

Spanien

Zutaten
2 Portionen

250 g Honigmelone
100 g Serranoschinken
5 Oliven mit Paprika
5 Oliven mit Mandeln
50 g Cherrytomaten
50 g weiße Trauben

Serrano-Melonen-Spieße

Die Honigmelone halbieren und die Kerne mit einem Löffel ausschaben. Die Melone vierteln, das Fruchtfleisch mit einem scharfen Messer von der Schale lösen und in eckige Würfel schneiden.

Den Serranoschinken in sehr dünne Scheiben schneiden und halbieren.

Auf jeden Honigmelonenwürfel eine halbe Scheibe Serranoschinken und eine Olive mit einem Holzspießchen feststecken.

Die Cherrytomaten und Trauben waschen und mit den Spießchen auf einem Teller anrichten.

Wer es noch etwas feurig scharf möchte, kann noch ein paar Chilis dazu reichen.

Pro Portion	kcal	kJ	Fett	Eiweiß	KH
Gesamt ca.	231,5	966,1	8,2	18,1	21,6

Zubereitungszeit: ca. 15 Minuten

Chorizo mit Spargel

Spanien

Zutaten
2 Portionen

- 500 g weißer Spargel
- Steviapulver
- 1 Orange, unbehandelt
- 1 Schalotte
- 2 EL Limettensaft
- 2 EL Olivenöl
- Salz
- Pfeffer, weiß, frisch gemahlen
- 100 g Chorizo
- 2 Limettenscheiben

Den Spargel schälen, die holzigen Enden abschneiden und in kochendem Salzwasser mit einer Prise Steviapulver ca. 8 Minuten garen.

Mit kaltem Wasser abschrecken, abtropfen lassen und in 2 cm große Stücke schneiden.

Die Schale der gewaschenen Orange zur Hälfte abreiben, danach schälen, die weiße Haut entfernen, die Filets herausschneiden und den Saft auffangen.

Schalotte schälen und in kleine Würfel schneiden.

Für das Dressing Orangensaft, Orangenschale, Limettensaft, Olivenöl, Steviapulver, Schalotten, Salz und Pfeffer verrühren.

Den Spargel und die Orangenfilets mit dem Dressing mischen und ca. 15 Minuten ziehen lassen.

Die Chorizo mit dem Spargel in zwei Schalen anrichten und mit einer Limettenscheibe garnieren.

Pro Portion	kcal	kJ	Fett	Eiweiß	KH
Gesamt ca.	314,7	1309,0	22,9	14,7	10,9

Zubereitungszeit: ca. 25 Minuten

Suppen

Italien

Zutaten
2 Portionen

400 g Tomaten
150 g Zwiebeln
4 Knoblauchzehen
2 EL Olivenöl
250 ml Rotwein
1 EL Tomatenmark
2 Lorbeerblätter
3 Zweige Zitronenthymian
Salz
1 Prise Steviapulver
Cayennepfeffer
50 g Parmesan
2 Eigelb

Tomatensuppe

Die Tomaten kurz in heißem Wasser blanchieren, häuten und in große Würfel schneiden.

Zwiebeln und Knoblauch schälen und in feine Scheiben schneiden.

Das Olivenöl in einem Topf erhitzen, die Zwiebeln und den Knoblauch kurz andünsten, mit Rotwein und 250 ml Wasser ablöschen. Das Tomatenmark in die Suppe rühren.

Lorbeerblätter und Thymianzweige zugeben, mit Salz, Steviapulver und Cayennepfeffer würzen.
Circa 10 Minuten bei geringer Hitze köcheln lassen.

Den Topf vom Herd nehmen, die Tomaten zugeben, ca. 5 Minuten ziehen lassen. Die Lorbeerblätter und die Thymianzweige herausfischen.

Den Parmesan reiben und zusammen mit dem Eigelb separat zur Suppe geben.

Pro Portion	kcal	kJ	Fett	Eiweiß	KH
Gesamt ca.	358,1	1528,3	18,5	14,6	14,9

Zubereitungszeit: ca. 20 Minuten

Parmesansuppe

Italien

Die Schalotten schälen und in kleine Würfel schneiden.

Die Frühlingszwiebeln putzen und in feine Streifen schneiden.

Den Knoblauch schälen und durch die Presse drücken.

Das Olivenöl in einem Topf erhitzen, Schalotten, Knoblauch und Frühlingszwiebeln ca. 3 Minuten glasig dünsten.

Mit dem Weißwein und der Gemüsebrühe ablöschen, den Parmesan zugeben und unter ständigem Rühren ca. 10 Minuten köcheln lassen.

Die Parmesansuppe in einen Mixer füllen, die Sahne zugeben und sehr fein pürieren.

Noch einmal in den Kochtopf umfüllen und kurz aufkochen lassen.

Mit Salz und Pfeffer würzen und sehr heiß servieren.

Zutaten
2 Portionen

2 Schalotten
3 Frühlingszwiebeln
2 Knoblauchzehen
2 EL Olivenöl
150 ml Weißwein
350 ml Gemüsebrühe
200 g Parmesan, gerieben
100 g Sahne
Salz
Pfeffer, schwarz, frisch gemahlen

Pro Portion	Kcal	kJ	Fett	Eiweiß	KH
Gesamt ca.	636,2	2655,6	46,6	35,8	6,0

Zubereitungszeit: ca. 20 Minuten

Frankreich

Zutaten
2 Portionen

300 g Fenchelknollen
100 g Petersilienwurzel
1 Zwiebel
30 g Butter
350 ml Gemüsebrühe
150 g Crème fraîche
2 EL Pernod
Salz
Pfeffer

Fenchelsuppe

Fenchelknollen putzen, waschen, halbieren und in kleine Stücke schneiden.

Etwas Fenchelgrün abzupfen und für die Dekoration beiseitelegen.

Petersilienwurzel und Zwiebel schälen und in feine Würfel schneiden.

Die Butter in einem Topf erhitzen, Zwiebel, Fenchelwürfel und die Petersilienwurzel hinzufügen und kurz andünsten.

Mit der Gemüsebrühe ablöschen und ca. 10 Minuten bei geringer Hitze köcheln lassen.

Crème fraîche und Pernod unterrühren und mit Salz und Pfeffer würzen.

Die Suppe pürieren, noch einmal kurz aufkochen, in Suppenschälchen anrichten und mit Fenchelgrün bestreuen.

Pro Portion	kcal	kJ	Fett	Eiweiß	KH
Gesamt ca.	379,5	1565,5	31,8	7,7	9,3

Zubereitungszeit: ca. 20 Minuten

Dijoner Senfsuppe

Frankreich

Zutaten
2 Portionen

- 2 Schalotten
- 2 Knoblauchzehen
- 100 g Möhren
- 100 g Sellerie
- 100 g Petersilienwurzel
- 20 g Butter
- 300 ml Gemüsebrühe
- 50 g Lauch
- 100 g Sahne
- 2 TL Dijonsenf
- Salz
- Pfeffer, weiß, frisch gemahlen
- 2 TL Petersilie

Schalotten und Knoblauch schälen und in kleine Stücke schneiden.

Möhren, Sellerie und Petersilienwurzel putzen, waschen und in kleine Würfel schneiden.

Butter in einem Topf zergehen lassen, Schalotten, Knoblauch und das klein geschnittene Gemüse zugeben und kurz andünsten.

Mit der Gemüsebrühe ablöschen und ca. 10 Minuten bissfest garen.

Den Lauch putzen, waschen, in feine Ringe schneiden, zur Suppe geben und ca. 3 Minuten bei geringer Hitze köcheln lassen.

Die Sahne und den Dijonsenf hinzufügen, mit Salz und Pfeffer abschmecken.

In Suppenschalen anrichten und mit klein gehackter Petersilie garnieren.

Pro Portion	kcal	kJ	Fett	Eiweiß	KH
Gesamt ca.	285,8	1189,7	24,3	5,3	9,8

Zubereitungszeit: ca. 20 Minuten

Spanien

Zutaten
2 Portionen

150 g Salatgurke
150 g Paprika
1 Zwiebel
2 Knoblauchzehen
150 g Strauchtomaten
400 ml Tomatensaft
2 EL Olivenöl
2 EL Weißweinessig
Salz
Cayennepfeffer
Tabasco

Gazpacho

Die Salatgurke schälen, längs halbieren, entkernen und in Stücke schneiden.

Paprikaschote putzen, waschen, entkernen und stückeln.

Zwiebel und Knoblauchzehen schälen und fein würfeln.

Die Strauchtomaten waschen und vierteln.

Alle Zutaten mit dem Tomatensaft, Olivenöl und Weißweinessig in einem Mixer sehr fein pürieren.

Mit Salz, Cayennepfeffer und einigen Spritzern Tabasco kräftig würzen.

Die Gemüsesuppe ca. 1 Stunde kalt stellen.

Das Gazpacho in Glas- oder Porzellanschalen anrichten und mit Gurken- und Tomatenscheiben garnieren.

Pro Portion	kcal	kJ	Fett	Eiweiß	KH
Gesamt ca.	198,2	835,4	14,1	3,9	14,9

Zubereitungszeit: ca. 1 Stunde 15 Minuten

Fischeintopf

Spanien

Den Lauch putzen, der Länge nach aufschneiden, waschen und in feine Streifen schneiden. Paprika waschen, halbieren, entkernen und in kleine Würfel schneiden.

Tomaten in heißem Wasser kurz blanchieren, häuten und in kleine Stücke schneiden. Knoblauch und Zwiebel schälen und fein hacken.

Das Lachsfilet unter kaltem Wasser abspülen, trocken tupfen und in mundgerechte Würfel schneiden.

Das Olivenöl in einem Topf erhitzen, Zwiebel, Knoblauch, Lauch und Paprika zugeben und ca. 3 Minuten andünsten.

Die Tomatenstücke untermengen und mit der Gemüsebrühe ablöschen. Paprikapulver und Lorbeerblatt zugeben und die Suppe bei mittlerer Hitze ca. 10 Minuten garen.

Lachs und Garnelen in die Suppe legen und ca. 4 Minuten ziehen lassen.

Mit Salz, Pfeffer und Chilipulver abschmecken, anrichten und mit einem Petersilienzweig garnieren.

Pro Portion	kcal	kJ	Fett	Eiweiß	KH
Gesamt ca.	385,9	1611,9	20,9	39,4	7,7

Zubereitungszeit: ca. 25 Minuten

Zutaten
2 Portionen

100 g Lauch
50 g Paprika, rot
50 g Paprika, gelb
100 g Tomaten
2 Knoblauchzehen
1 kleine Zwiebel
200 g Lachsfilet
2 EL Olivenöl
500 ml Gemüsebrühe
½ TL Paprikapulver, edelsüß
1 Lorbeerblatt
100 g Garnelen, roh, geschält
Salz
Pfeffer, bunt, frisch gemahlen
Chilipulver, gemahlen
2 Petersilienzweige

Griechenland

Rote-Bete-Suppe

Zutaten
2 Portionen

300 g Gurke
200 g Rote Bete, gekocht
2 Frühlingszwiebeln
2 Eier, hart gekocht
1 Dillzweig
500 ml Buttermilch
1 EL Weißweinessig
Salz
Pfeffer, weiß, frisch gemahlen
2 EL saure Sahne

Die Gurke schälen, längs halbieren, entkernen und in dünne Stifte schneiden.

Rote Bete in kleine Würfel schneiden.

Frühlingszwiebeln schälen, halbieren und in kleine Ringe schneiden.

Die Eier schälen und achteln.

Den Dill klein hacken.

Die Buttermilch in eine Schüssel geben, mit Weißweinessig, Salz und Pfeffer würzen. Mit der sauren Sahne verfeinern.

Gurkenstifte, Rote Bete und Frühlingszwiebeln zur Buttermilch geben und im Kühlschrank ca. 30 Minuten kalt stellen.

Die Suppe in zwei Teller füllen, die Eispalten daraufsetzen und mit Dill bestreuen.

Pro Portion	kcal	kJ	Fett	Eiweiß	KH
Gesamt ca.	174,7	695,7	5,0	13,8	15,6

Zubereitungszeit: ca. 40 Minuten

Weißkohlsuppe

Griechenland

Den Weißkohl putzen, halbieren, den Strunk entfernen, den Kohl in Streifen schneiden. Die Zwiebel schälen und würfeln.

Tomaten kurz in heißem Wasser blanchieren, die Haut abziehen, vierteln, entkernen und in kleine Stücke schneiden.

Das Olivenöl in einem Topf erhitzen, Weißkohl und Zwiebelwürfel kräftig darin anbraten.

Mit der Gemüsebrühe ablöschen, 1 TL fein geriebene Zitronenschale, Anis- und Fenchelsamen zugeben und zugedeckt ca. 20 Minuten bei mittlerer Hitze köcheln lassen.

Mit Salz, Pfeffer und Zitronensaft abschmecken.

Den Schafskäse reiben.

Die Suppe in zwei Schalen anrichten.

Die Tomatenwürfel und den Schafskäse darüber verteilen und mit fein gehacktem Dill bestreuen.

Zutaten
2 Portionen

300 g Weißkohl
1 Zwiebel
200 g Tomaten
2 EL Olivenöl
500 ml Gemüsebrühe
1 TL Zitronenschale, unbehandelt
½ TL Anissamen
½ TL Fenchelsamen
Salz
Pfeffer, schwarz, frisch gemahlen
1 EL Zitronensaft
50 g Schafskäse
Dill

Pro Portion	kcal	kJ	Fett	Eiweiß	KH
Gesamt ca.	190,7	795	13,2	9,7	6,4

Zubereitungszeit: ca. 30 Minuten

Fleisch

Italien

Kalbsleber auf Sommerspinat

Zutaten
2 Portionen

Spinat:
250 g Blattspinat
1 Limette, unbehandelt
2 rote Zwiebeln
10 g Butter
Salz
Pfeffer, schwarz, frisch gemahlen
Muskat

Kalbsleber:
300 g Kalbsleber
5 g Mehl
10 g Butter
2 EL Olivenöl
30 g Bacon
2 Limettenscheiben

Spinat waschen, grobe Stiele entfernen und abtropfen lassen. Limette heiß abspülen, trocken tupfen und die Schale fein raspeln. Zwiebeln schälen, halbieren und in dünne Scheiben schneiden.

Butter in einem Topf erhitzen, Zwiebelringe glasig dünsten, Spinat und Limettenschale zufügen und alles einmal aufkochen lassen. Bei geringer Hitze ca. 3 Minuten garen.

Das Gemüse mit Salz, Pfeffer, Muskat und 1 EL Limettensaft abschmecken und warm stellen.

Die Leber in Mehl wenden, Butter mit dem Olivenöl in einer Pfanne erhitzen und die Leber von jeder Seite ca. 2 Minuten anbraten.

Mit Salz und Pfeffer würzen und auf dem Spinat anrichten. Den Bacon in der Pfanne kurz knusprig anbraten und auf der Leber platzieren.

Mit zwei Limettenscheiben garnieren.

Pro Portion	kcal	kJ	Fett	Eiweiß	KH
Gesamt ca.	416,4	1733,9	26,5	34,3	9,6

Zubereitungszeit: ca. 25 Minuten

Kalbsragout mit Artischocken

Italien

Das Kalbfleisch waschen, trocken tupfen und in mundgerechte Stücke schneiden.

Die Zwiebel schälen, halbieren und in Würfel schneiden.

Olivenöl in einem Topf erhitzen und das Fleisch kräftig anbraten. Zwiebelwürfel zufügen und kurz mitdünsten.

Gemüsebrühe und Weißwein angießen, mit Salz und Pfeffer würzen. Den Zitronenthymian zugeben und das Ragout bei geringer Hitze ca. 30 Minuten garen.

Die Artischockenherzen in einem Sieb abtropfen lassen, vierteln, zum Fleisch geben und kurz bei geringer Hitze köcheln.
Den Topf vom Herd nehmen, Eigelb, Sahne und Johannisbrotkernmehl mischen, vorsichtig in das Ragout einrühren, mit Limettensaft, Salz und Pfeffer abschmecken.

Das Kalbsragout mit einer Limettenscheibe und einem Zitronenthymianzweig garnieren.

Zutaten
2 Portionen

300 g Kalbfleisch (aus der Keule)
1 große Zwiebel
3 EL Olivenöl
250 ml Gemüsebrühe
125 ml Weißwein
Salz
Pfeffer, schwarz, frisch gemahlen
2 Zitronenthymianzweige
200 g Artischockenherzen (aus der Dose)
1 Eigelb
50 g Sahne
1 Msp. Johannisbrotkernmehl
1 EL Limettensaft
Salz
Pfeffer, weiß, frisch gemahlen
2 Limettenscheiben
2 Zitronenthymianzweige

Pro Portion	kcal	kJ	Fett	Eiweiß	KH
Gesamt ca.	398,7	1671,6	21,7	34,5	8,2

Zubereitungszeit: ca. 45 Minuten

Italien

Schweinefilet mit Pilzragout

Zutaten
2 Portionen

300 g Schweinefilet
Salz
Pfeffer, schwarz, frisch gemahlen
1 Zwiebel, rot
150 g Champignons, braun
150 g Chiitakepilze
150 g Paprika, rot
3 EL Olivenöl
150 g Sahne
Kräutermix, mediterran
2 Petersilienzweige

Das Schweinefilet waschen, trocken tupfen, in sechs Medaillons schneiden und mit Salz und Pfeffer würzen.

Die Zwiebel schälen, halbieren und in feine Streifen schneiden. Champignons und Chiitakepilze putzen und in große Stücke schneiden. Paprikaschote waschen, halbieren, entkernen und in Streifen schneiden.

Das Olivenöl in einer Pfanne erhitzen und die Medaillons von beiden Seiten ca. 3 Minuten goldbraun anbraten.
Aus der Pfanne nehmen, in Alufolie wickeln und warm stellen.

Die Zwiebel im Bratenfond kurz anbraten, Champignons, Chiitakepilze und Paprika zugeben und ca. 5 Minuten mitdünsten.

Mit der Sahne ablöschen, mit Salz, Pfeffer und einem mediterranen Kräutermix würzen und weitere 5 Minuten köcheln lassen.

Die Medaillons und das Pilzragout anrichten und mit einem Petersilienzweig garnieren.

Pro Portion	kcal	kJ	Fett	Eiweiß	KH
Gesamt ca.	487,4	2044,4	34,4	39,6	5,3

Zubereitungszeit: ca. 30 Minuten

Lammtopf mit Tomaten-Paprika

Italien

Zutaten
2 Portionen

300 g Lammfleisch, mager
200 g kleine Tomaten
2 Zwiebeln, rot
2 Schalotten
3 Knoblauchzehen
200 g Paprika, grün
3 EL Olivenöl
2 Lorbeerblätter
1 Rosmarinzweig
1 Bund Thymian
Salz
Pfeffer, schwarz, frisch gemahlen
125 ml Rotwein

Das Lammfleisch in große Würfel schneiden.
Tomaten in heißem Wasser kurz blanchieren und schälen.

Zwiebeln, Schalotten und Knoblauch schälen und in große Stücke schneiden. Paprika waschen, halbieren, entkernen und in breite Streifen schneiden.

Olivenöl in einem Bräter erhitzen und das Fleisch darin unter Wenden kräftig anbraten, bis die Flüssigkeit verdampft und das Fleisch gebräunt ist. Lorbeerblätter, Rosmarin und Thymianblättchen zugeben und mit Salz und Pfeffer würzen.

Den Rotwein angießen und zugedeckt bei mittlerer Hitze 30 Minuten schmoren lassen. Paprika und Zwiebeln unter das Fleisch mischen und weitere 30 Minuten garen.

Zum Schluss die Tomaten zugeben und kurz erhitzen.

Rosmarinzweig und Lorbeerblätter vor dem Servieren entfernen.

Pro Portion	kcal	kJ	Fett	Eiweiß	KH
Gesamt ca.	385,1	1611,8	18,2	34,4	9,9

Zubereitungszeit: ca. 45 Minuten

Italien

Minutensteaks im Gemüsebeet

Zutaten
2 Portionen

Gemüsebeet:
150 g Pastinaken
150 g Karotten
150 g Zucchini
2 Knoblauchzehen
1 Schalotte
2 EL Olivenöl
50 ml Gemüsebrühe
50 ml Weißwein
2 EL Crème fraîche
Salz
Pfeffer, weiß, frisch gemahlen
1 TL italienische Kräuter, getrocknet

Minutensteaks:
2 EL Olivenöl
200 g Minutensteaks, aus dem Schweinerücken
30 g Parmesan, frisch gehobelt

Pastinaken, Karotten und Zucchini putzen, waschen und in ca. 6 cm lange Streifen schneiden.
Knoblauch und Schalotte schälen und fein hacken.

Olivenöl in einer beschichteten Pfanne erhitzen.
Pastinaken und Karotten zugeben und bei geringer Hitze geschlossen ca. 5 Minuten dünsten. Ab und zu wenden.

Schalotten, Zucchini und Knoblauch zugeben und weitere 5 Minuten garen. Mit Gemüsebrühe und Wein ablöschen und kurz aufkochen. Crème fraîche zufügen, gut vermengen, mit Salz, Pfeffer und Kräutern würzen.

2 EL Olivenöl in einer Pfanne erhitzen, die Steaks von jeder Seite 1 Minuten goldbraun anbraten, mit Salz und Pfeffer würzen.

Das Gemüse mit dem Fleisch auf zwei Tellern anrichten und den gehobelten Parmesan darüberstreuen.

Pro Portion	kcal	kJ	Fett	Eiweiß	KH
Gesamt ca.	347,8	1455,2	24,7	9,7	9,8

Zubereitungszeit: ca. 25 Minuten

Hackfleisch mit Fenchel-Tomaten

Italien

Den Fenchel waschen, putzen und in feine Würfel schneiden.

Den Knoblauch schälen und zusammen mit den Kräutern fein hacken. Die getrockneten Tomaten in feine Streifen schneiden.

Das Olivenöl in einem Topf erhitzen, Tomatenstreifen, Knoblauch, Kräuter und Fenchelwürfel andünsten.

Das Hackfleisch dazugeben, Wein und Gemüsebrühe angießen, mit Salz, Pfeffer und Tomatenmark würzen.

Zugedeckt bei geringer Hitze ca. 30 Minuten schmoren.

Cocktailtomaten kurz in heißem Wasser blanchieren, häuten, halbieren, unter das Hackfleisch mischen, kurz erwärmen und nachwürzen.

Das Gericht in zwei dekorativen Schälchen anrichten und mit einem Petersilienzweig garnieren.

Zutaten
2 Portionen

2 Fenchelknollen
2 Knoblauchzehen
2 Rosmarinzweige
2 Thymianzweige
4 getrocknete Tomaten (in Öl eingelegt)
3 EL Olivenöl
250 g Rinderhack
100 ml Weißwein
200 ml Gemüsebrühe
Salz
Pfeffer, schwarz, frisch gemahlen
1 EL Tomatenmark
100 g Cocktailtomaten
2 Petersilienzweige

Pro Portion	kcal	kJ	Fett	Eiweiß	KH
Gesamt ca.	428,5	1790,7	26,0	24,9	10,5

Zubereitungszeit: ca. 40 Minuten

Frankreich

Rumpsteak mit drei Salaten und Mozzarella

Zutaten
2 Portionen

Salat:
100 g Kopfsalat
100 g Feldsalat
100 g Radicchio
50 g Cocktailtomaten
150 g Mozzarella
50 g Parmesan, frisch
3 EL Walnussöl
2 EL Balsamico bianco
Salz
Pfeffer, schwarz, frisch gemahlen

Rumpsteak:
250 g Rumpsteak
2 EL Olivenöl

Kopfsalat, Feldsalat und Radicchio putzen, waschen und trocken schleudern.

Tomaten waschen und achteln.

Den Mozzarella abtropfen lassen, halbieren und in feine Streifen schneiden. Den Parmesan grob hobeln.

Die Blattsalate auf zwei großen Tellern anrichten.

Walnussöl, Balsamico, Salz und Pfeffer verquirlen und den Salat mit dem Dressing beträufeln.

Das Rumpsteak in schmale Scheiben schneiden.

Olivenöl in einer Pfanne erhitzen, das Fleisch bei starker Hitze ca. 3 Minuten scharf anbraten.

Mit Salz und Pfeffer würzen und zusammen mit dem gehobelten Parmesan und den Mozzarellastreifen auf dem Salat verteilen.

Pro Portion	kcal	kJ	Fett	Eiweiß	KH
Gesamt ca.	486,7	2036,1	30,7	50,2	2,3

Zubereitungszeit: ca. 25 Minuten

Rinderfilet auf Gurken-Salsa

Frankreich

Die Gurke schälen, längs halbieren, entkernen und in kleine Würfel schneiden. Schalotten schälen und fein hacken.

Für das Dressing Olivenöl, Balsamico, Salz, Pfeffer und Chili verrühren und mit Gurkenwürfeln und Schalotten mischen.

Die Gurken-Salsa ca. 30 Minuten kühl stellen.

Die Rinderbrühe in einem Topf erhitzen.
Die Filets in die Brühe legen und bei geringer Hitze ca. 10 Minuten gar ziehen lassen. Ab und zu wenden.

Mit einer Schaumkelle herausnehmen, salzen, in Alufolie wickeln und kurz ruhen lassen.

Den Knoblauch schälen, fein hacken, unter die Crème fraîche rühren, mit Salz und Pfeffer würzen.

Die Salsa auf zwei Teller verteilen, die Rinderfilets daraufsetzen und mit einer Crème-fraîche-Haube bedecken.

Zutaten
2 Portionen

Gurken-Salsa:
1 Salatgurke
2 Schalotten
2 EL Olivenöl
2 EL Balsamico bianco
Salz
Pfeffer, bunt, frisch gemahlen
Chiliflocken aus der Mühle

Rinderfilet:
400 ml Rinderbrühe
240 g Rinderfilet

Crème fraîche:
1 Knoblauchzehe
2 EL Crème fraîche
Pfeffer, weiß, frisch gemahlen

Pro Portion	kcal	kJ	Fett	Eiweiß	KH
Gesamt ca.	315,2	1316,0	19,8	26,7	5,6

Zubereitungszeit: ca. 30 Minuten

Frankreich

Zwiebel-Kalbskoteletts mit Gemüse

Zutaten
2 Portionen

Gemüse:
200 g Karotten
200 g Prinzessbohnen
1 Bund Petersilie
10 g Butter

Kalbskoteletts:
4 EL Olivenöl
300 g Kalbskoteletts
Salz
Pfeffer, schwarz, frisch gemahlen
2 Zwiebeln

Die Karotten schälen, in dünne Stifte schneiden, die Bohnen putzen und waschen.

Das Gemüse in Salzwasser ca. 8 Minuten bissfest garen. Petersilie waschen, trocken schütteln und fein hacken.

Butter in einem Topf erhitzen, Karotten und Bohnen darin schwenken, mit Petersilie bestreuen und warm stellen.

2 EL Olivenöl in einer Pfanne erhitzen, die Koteletts auf jeder Seite ca. 4 Minuten goldbraun anbraten. Mit Salz und Pfeffer würzen, in Alufolie wickeln und warm stellen.

Zwiebeln schälen, halbieren, in Ringe schneiden und in einer Pfanne mit 2 EL heißem Olivenöl sehr knusprig anbraten.

Die Koteletts mit den Zwiebelringen bedecken und mit dem Gemüse anrichten.

Pro Portion	kcal	kJ	Fett	Eiweiß	KH
Gesamt ca.	313,0	1307,3	17,0	28,0	10,9

Zubereitungszeit: ca. 25 Minuten

Rinderrouladen in Cidresoße

Frankreich

Zutaten
2 Portionen

Rinderrouladen:
1 Schalotte
150 g Karotten
150 g Äpfel
50 g Speck
1 EL Thymianblätter
Salz
Pfeffer, schwarz, frisch gemahlen
400 g Rinderrouladen (Keule)
2 TL Dijonsenf
150 g Suppengrün
2 EL Olivenöl
1 EL Tomatenmark
300 ml Cidre
300 ml Rinderbrühe
4 Wacholderbeeren
2 Lorbeerblätter

Rosenkohl:
200 g Rosenkohl
10 g Butter
100 g Apfelschnitze
2 Schalotten

Die Schalotte schälen und würfeln. Karotten und Äpfel schälen und grob hobeln. Den Speck in dünne Streifen schneiden. Thymianblätter fein hacken.

Alle Zutaten mischen, die enstandene Flüssigkeit ausdrücken, mit Salz und Pfeffer würzen. Die Rinderrouladen dünn mit Senf bestreichen, mit Salz und Pfeffer würzen. Die Karottenmischung auf die Rouladen streichen, rechts und links etwas einklappen, aufrollen und mit Rouladennadeln feststecken.
Das Suppengrün putzen, waschen, in feine Würfel schneiden. Olivenöl in einem Bräter erhitzen, die Rouladen rundherum kräftig anbraten und aus dem Bräter nehmen. Suppengrün und Tomatenmark im Bratenfond kurz andünsten, mit Cidre und Rinderbrühe ablöschen. Das Fleisch mit den Wacholderbeeren und den Lorbeerblättern in die Soße geben, nachwürzen und zugedeckt ca. 90 Minuten bei geringer Hitze schmoren, ab und zu wenden.
Rouladen aus dem Bräter nehmen, die Soße passieren.

Rosenkohl putzen, waschen, in Salzwasser ca. 10 Minuten bissfest garen. Schalotten schälen und vierteln. Butter in einer Panne erhitzen, Apfelschnitze, Schalotten kurz andünsten, mit dem Rosenkohl mischen.

Pro Portion	kcal	kJ	Fett	Eiweiß	KH
Gesamt ca.	589,1	2465,5	27,4	44,0	18,9

Zubereitungszeit: ca. 1 Stunde 30 Minuten

Frankreich

Rinderhack im Wirsingmantel

Zutaten
2 Portionen

1 kleiner Wirsing (ca. 500 g)
100 g Karotten
100 g Lauch
1 Zwiebel
2 Knoblauchzehen
1 EL Thymian, frisch
1 EL Majoran, frisch
4 EL Olivenöl
100 g Schweinebratwürste, roh
200 g Rinderhack
1 Ei
Muskat
Salz
Pfeffer, schwarz, frisch gemahlen
50 g Räucherspeck (kleingeschnitten)
50 g Crème fraîche

Den Wirsing in einzelne Blätter teilen, kurz in heißem Salzwasser blanchieren, herausnehmen und abtropfen lassen.

Die Karotten schälen, fein raspeln, den Lauch waschen, halbieren, in feine Streifen schneiden.
Zwiebel und Knoblauch schälen und fein würfeln. Thymian und Majoran fein hacken.
3 EL Olivenöl in einer Pfanne erhitzen, Zwiebel und Knoblauch kurz andünsten, Karotten, Lauch, Thymian und Majoran dazugeben und ca. 3 Minuten weiterdünsten.
Die Bratwurstfüllung, das Hackfleisch, das Ei und die Gemüsemischung gut vermengen, mit Muskat, Salz und Pfeffer würzen.

Eine Auflaufform mit Olivenöl einpinseln und den Speck darin auslegen. Die Wirsingblätter und die Hackfleischmischung abwechselnd aufeinanderschichten. Crème fraîche mit Salz, Pfeffer und Muskat würzen und gleichmäßig über den Wirsing streichen.

Mit Alufolie abdecken und ca. 1 Stunde im vorgeheizten Backofen bei 200 °C garen.

Pro Portion	kcal	kJ	Fett	Eiweiß	KH
Gesamt ca.	598,9	2500,8	42,0	34,8	12,3

Zubereitungszeit: ca. 1 Stunde 30 Minuten

Gefüllte Schweinekoteletts mit Kohlrabi

Frankreich

Lassen Sie bei Ihrem Metzger Taschen in die Koteletts schneiden.

Den Mozzarella abtropfen lassen und in vier Scheiben schneiden. Die Koteletts mit Salz und Pfeffer würzen und mit je einer Scheibe Schinken, zwei Scheiben Mozzarella und zwei Basilikumblättern füllen. Olivenöl in einer Pfanne erhitzen, die Koteletts von jeder Seite ca. 5 Minuten anbraten.

Schalotten schälen und fein würfeln, Basilikum und Petersilie waschen, trocknen und klein hacken.
Butter im Bratenfond erhitzen, Schalotten und Kräuter kurz andünsten, auf den Koteletts verteilen und warm halten.

Kohlrabi schälen, halbieren, in feine Scheiben schneiden und in Salzwasser ca. 5 Minuten bissfest garen, das Wasser abschütten.
Crème fraîche, Kerbel, 1 TL geriebene Limettenschale, Salz und Pfeffer verrühren und unter die Kohlrabi mischen.

Das Gemüse mit den Koteletts anrichten, mit einem Basilikumzweig garnieren.

Pro Portion	kcal	kJ	Fett	Eiweiß	KH
Gesamt ca.	530,1	2219,4	34,7	48,3	5,1

Zubereitungszeit: ca. 30 Minuten

Zutaten
2 Portionen

Schweinekoteletts:
400 g Schweinekoteletts
120 g Mozzarella
Salz
Pfeffer, schwarz, frisch gemahlen
2 Scheiben Schinken, gekocht
4 Basilikumblätter
3 EL Olivenöl
2 Schalotten
3 EL Basilikum, frisch
3 EL Petersilie, frisch
20 g Butter

Kohlrabi:
200 g Kohlrabi
50 g Crème fraîche
2 EL Kerbel, gehackt
1 Limette, unbehandelt
Pfeffer, weiß, frisch gemahlen
2 Basilikumzweige

Griechenland

Schweineragout in Balsamicosoße

Zutaten
2 Portionen

300 g Schweinefilet
200 g Zwiebeln
2 Knoblauchzehen
1 Bund glatte Petersilie
200 g Cocktailtomaten
1 Orange, unbehandelt
3 EL Olivenöl
200 ml Gemüsebrühe
50 ml Balsamico bianco
2 Lorbeerblätter
Salz
Pfeffer, schwarz, frisch gemahlen
½ TL Zimt
½ TL Kreuzkümmel

Das Fleisch kurz unter kaltem Wasser abwaschen, trocken tupfen und in Würfel schneiden.

Zwiebeln und Knoblauchzehen schälen und achteln.
Petersilie waschen, trocken schütteln und klein hacken.
Die Cocktailtomaten waschen und halbieren.
Die Orange heiß abwaschen, Schale dünn abreiben und den Saft auspressen.

Das Olivenöl in einem Bräter erhitzen, das Fleisch rundum kräftig anbraten. Zwiebeln, Knoblauch und Petersilie zugeben und kurz mitdünsten. Mit Gemüsebrühe und Balsamico ablöschen.

Orangensaft, -schale und Lorbeerblätter unterrühren, mit Salz, Pfeffer, Zimt und Kreuzkümmel würzen.

Bei geringer Hitze ca. 30 Minuten garen.

Nach Ende der Garzeit die Cocktailtomaten zugeben und kurz erhitzen.

Pro Portion	kcal	kJ	Fett	Eiweiß	KH
Gesamt ca.	329,3	1378,2	15,1	39,4	14,2

Zubereitungszeit: ca. 45 Minuten

Lammkoteletts mit Selleriepüree

Griechenland

Die Rosmarinnadeln fein hacken, Pfefferkörner und Beeren im Mörser zerstoßen und alles mischen.
Die Lammkoteletts salzen, mit 1 EL Olivenöl bestreichen und mit der Kräutermischung bestreuen.

2 EL Olivenöl in einer Pfanne erhitzen, die Koteletts auf beiden Seiten 2 Minuten goldbraun anbraten.

Das Fleisch in Alufolie wickeln und im vorgeheizten Backofen bei 80 °C ca. 10 Minuten fertig garen.

Die Orange heiß abwaschen, 1 TL Schale fein abreiben, den Saft auspressen. Die Sellerieknolle schälen, in Würfel schneiden und in Salzwasser ca. 10 Minuten garen. Das Wasser abgießen.

Sahne, Butter, Orangenschale, Orangensaft, Zimt, Muskat, Salz, Pfeffer mit dem Sellerie fein pürieren und alles auf zwei Tellern anrichten.

Zutaten
2 Portionen

Lammkoteletts:
2 Rosmarinzweige
1 TL Pfefferkörner, schwarz
1 TL Pfefferbeeren, rot
6 Lammkoteletts
3 EL Olivenöl

Selleriepüree:
1 Orange, unbehandelt
300 g Sellerieknolle
20 g Sahne
10 g Butter
1 Msp. Zimt
1 Msp. Muskat, frisch gemahlen
Salz
Pfeffer, weiß, frisch gemahlen

Pro Portion	kcal	kJ	Fett	Eiweiß	KH
Gesamt ca.	395,9	1654,1	35,7	26,6	8,0

Zubereitungszeit: ca. 30 Minuten

Griechenland Auberginen-Hack-Auflauf

Zutaten
2 Portionen

2 Auberginen
Salz
6 EL Olivenöl
2 Zwiebeln
2 Knoblauchzehen
2 Tomaten
300 g Rinderhack
2 EL Tomatenmark
½ TL Oregano, getrocknet
Pfeffer, schwarz, frisch gemahlen
125 ml Milch
1 Ei
10 g Butter
1 Msp. Zimtpulver
50 g Parmesan, gerieben

Die Auberginen putzen, waschen und in Scheiben schneiden. Auf Küchenkrepp auslegen, salzen und ca. 30 Minuten ziehen lassen. Die Auberginen abtupfen, portionsweise in 3 EL heißem Olivenöl anbraten und wieder auf ein Küchenkrepp legen.

Zwiebeln und Knoblauch schälen, in feine Würfel schneiden. Tomaten waschen, halbieren und würfeln.
2 EL Olivenöl in einer Pfanne erhitzen, Zwiebeln und Knoblauch 3 Minuten andünsten, Hackfleisch, Tomaten, Tomatenmark und Oregano zufügen und weitere 5 Minuten dünsten.
Mit Salz und Pfeffer würzen.

Milch, Ei, Butter, Salz, Pfeffer und Zimt in einem Topf erwärmen. Eine Auflaufform mit Olivenöl bestreichen, Auberginen und Hackmasse abwechselnd in die Form schichten.

Die Eiermischung darübergießen und als Abschluss mit Parmesan bestreuen. Im vorgeheizten Backofen bei 200 °C ca. 30 Minuten backen.

Pro Portion	kcal	kJ	Fett	Eiweiß	KH
Gesamt ca.	420,6	1756,7	32,5	19,4	13,8

Zubereitungszeit: ca. 1 Stunde 30 Minuten

Lamm-Frikadellen mit Bohnensalat

Griechenland

Zutaten
2 Portionen

Lamm-Frikadellen:
2 Schalotten
2 Knoblauchzehen
3 EL Petersilie, frisch
4 EL Olivenöl
1 EL Senf
1 Ei
½ TL Koriander, gemahlen
Salz
Pfeffer, schwarz, frisch gemahlen
300 g Lammhack

Bohnensalat:
200 g grüne Bohnen
2 Schalotten
2 Frühlingszwiebeln
1 EL Olivenöl
2 EL Balsamico bianco
50 ml Gemüsefond
50 g Crème fraîche
1 Limette, unbehandelt

Schalotten und Knoblauchzehen schälen und in kleine Würfel schneiden. Petersilie waschen, trocken schütteln und klein hacken. Schalotten, Knoblauch und Petersilie in 1 EL heißem Olivenöl ca. 3 Minuten andünsten, etwas abkühlen lassen und mit Senf, Ei, Koriander, Salz und Pfeffer unter die Hackmasse kneten und vier Frikadellen daraus formen.
Das restliche Olivenöl in einer Pfanne erhitzen, die Frikadellen bei mittlerer Hitze ca. 5 Minuten auf jeder Seite knusprig anbraten und im Backofen warm halten.

Bohnen putzen, waschen, in Salzwasser ca. 7 Minuten bissfest garen, das Wasser abschütten, die Bohnen kalt abschrecken und abtropfen lassen.
Schalotten schälen, fein würfeln. Frühlingszwiebeln putzen, in feine Streifen schneiden. In heißem Olivenöl ca. 3 Minuten andünsten. Balsamico und Gemüsefond angießen, mit Salz und Pfeffer würzen. Die Bohnen untermengen und kurz erhitzen.

Crème fraîche, 1 TL geriebene Limettenschale, Salz und Pfeffer verrühren, in kleine Schälchen füllen und mit den Frikadellen und dem Bohnensalat servieren.

Pro Portion	kcal	kJ	Fett	Eiweiß	KH
Gesamt ca.	579,2	2424,8	40,5	33,4	9,0

Zubereitungszeit: ca. 30 Minuten

Griechenland

Schweinespießchen mit Spitzkohlsalat

Zutaten
2 Portionen

Schweinespießchen:
300 g Schweinefilet
2 Knoblauchzehen
4 EL Olivenöl
2 EL Limettensaft
2 EL Sojasoße
1 TL Oregano, getrocknet
1 große Zwiebel, rot
1 Paprika, grün
Salz
Pfeffer, schwarz, frisch gemahlen

Spitzkohl:
300 g Spitzkohl
80 g gekochter Schinken
100 g Joghurt
2 EL Olivenöl
1 EL Limettensaft
Cayennepfeffer
1 EL Rosinen

Das Schweinefilet kalt abspülen, trocken tupfen und in ca. 3 cm große Würfel schneiden.
Knoblauch schälen und durch eine Presse drücken.
2 EL Olivenöl, Limettensaft, Sojasoße, Oregano und Knoblauch in einer Schüssel mischen, die Filetstücke untermengen, mehrmals wenden, abdecken und ca. 1 Stunde kalt stellen.

Zwiebel schälen und in große Stücke schneiden, Paprika waschen, halbieren, entkernen und in grobe Stücke schneiden.
Schweinefilet, Zwiebel und Paprika abwechselnd auf zwei Holzspieße stecken.
2 EL Olivenöl in einer beschichteten Pfanne erhitzen, die Spieße rundum kräftig anbraten, mit Salz und Pfeffer würzen.
Aus der Pfanne nehmen, in Alufolie wickeln und im Backofen bei 80 °C ca. 15 Minuten fertig garen.

Den geputzten Spitzkohl und den gekochten Schinken in sehr feine Streifen schneiden. Joghurt, Olivenöl, Limettensaft, Cayennepfeffer, Salz und Pfeffer zu einem Dressing verrühren, mit Spitzkohl, Schinken und Rosinen mischen.
Die Spießchen mit dem Spitzkohlsalat anrichten.

Pro Portion	kcal	kJ	Fett	Eiweiß	KH
Gesamt ca.	323,0	1351,6	7,2	52,6	15,6

Zubereitungszeit: ca. 1 Stunde 15 Minuten

Kalbstopf mit Schmorgurken

Griechenland

Das Kalbfleisch waschen, trocken tupfen und in ca. 3 cm große Würfel schneiden.

Zwiebel und Knoblauch schälen und fein hacken.

Die Schmorgurken schälen, halbieren, entkernen und in 1 cm dicke Scheiben schneiden.

Das Olivenöl in einem Bräter erhitzen, das Kalbfleisch kräftig anbraten, Zwiebel und Knoblauch zufügen, mit Salz und Pfeffer würzen.

Die Gemüsebrühe angießen und mit dem Lorbeerblatt bei geringer Hitze ca. 40 Minuten zugedeckt schmoren lassen.

Gurken und Crème fraîche unter das Fleisch geben, weitere 10 Minuten köcheln lassen.

Den Schnittlauch in feine Röllchen schneiden, den Dill fein hacken, unter das fertig gegarte Kalbfleisch mischen und servieren.

Zutaten
2 Portionen

300 g Kalbfleisch
1 große Zwiebel
2 Knoblauchzehen
300 g Schmorgurken
3 EL Olivenöl
Salz
Pfeffer, schwarz, frisch gemahlen
250 ml Gemüsebrühe
1 Lorbeerblatt
100 g Crème fraîche
1 Bund Schnittlauch
1 Bund Dill

Pro Portion	kcal	kJ	Fett	Eiweiß	KH
Gesamt ca.	450,9	1842,2	29,9	36,7	7,6

Zubereitungszeit: ca. 60 Minuten

Spanien

Zutaten
2 Portionen

Fleischterrine:
250 g Kalbfleisch
200 g Schweinefleisch
100 g Serranoschinken
10 g eingelegte Trüffel
2 Eier
Salz
Pfeffer, schwarz, frisch gemahlen
Muskat, frisch gemahlen
2 EL Cognac
100 g Schinkenspeck in Scheiben
1 Orange
1 Granatapfel
1 Prise Steviapulver
Cayennepfeffer

Rucolasalat:
50 g Rucola
1 EL Olivenöl
1 EL Balsamico bianco
Pfeffer, weiß, frisch gemahlen

Fleischterrine auf Rucolasalat

Das Kalb- und Schweinefleisch beim Metzger durch den Fleischwolf drehen lassen.
Den Serranoschinken in sehr feine Streifen und die Trüffel in kleine Würfel schneiden. Mit den Eiern zum Hackfleisch geben, mit Salz, Pfeffer und Muskat kräftig würzen und die Masse durchkneten.
Zum Schluss den Cognac hinzufügen.

Eine feuerfeste Terrine mit Schinkenspeck auslegen, die Hackfleischmasse hineinfüllen und mit Schinkenspeck belegen. Zugedeckt in eine mit Wasser gefüllte Pfanne stellen, ca. 1 Stunde im vorgeheizten Ofen bei 220 °C garen.
Aus der Terrine nehmen, mit Alufolie abdecken und erkalten lassen.
Orange schälen, filetieren, den Saft auffangen. Den Granatapfel quer halbieren, die Kerne herauslösen. Granatapfel, Orangenfilets und Saft in einer Pfanne ca. 2 Minuten erhitzen, mit Salz, Stevia und Cayennepfeffer würzen.
Rucola waschen, trocken schleudern, mit einem Dressing aus Olivenöl, Balsamico, Salz und Pfeffer mischen.

Die Fleischterrine in Scheiben schneiden, mit dem Rucola auf zwei Tellern anrichten und die Granatapfelmischung darüber verteilen.

Pro Portion	kcal	kJ	Fett	Eiweiß	KH
Gesamt ca.	539,6	2261,4	20,7	76,7	9,6

Zubereitungszeit: ca. 1 Stunde 15 Minuten

Rinderbeinscheiben mit Kräuterseitlingen

Spanien

Zutaten
2 Portionen

Rinderbeinscheiben:
2 Rinderbeinscheiben
2 Zwiebeln
2 Knoblauchzehen
30 g getrocknete Tomaten
3 EL Olivenöl
Salz
Pfeffer, schwarz, frisch gemahlen
500 ml Rinderbrühe
100 ml spanischer Rotwein
1 Thymianzweig

Karottenpüree:
250 g Karotten
100 g Sahne
Pfeffer, weiß, frisch gemahlen
½ TL Korianderpulver

Kräuterseitlinge:
200 g Kräuterseitlinge
20 g Butter
100 g Cocktailtomaten

Die Rinderbeinscheiben kalt abspülen und trocken tupfen.
Zwiebeln und Knoblauch schälen und achteln.
Getrocknete Tomaten in Stücke schneiden.
Die Beinscheiben in heißem Olivenöl auf jeder Seite ca. 5 Minuten kräftig anbraten, mit Salz und Pfeffer würzen.
Zwiebeln, Knoblauch und getrocknete Tomaten zugeben und kurz mitdünsten. Rinderbrühe und Rotwein angießen, Thymianzweig zugeben und zugedeckt bei geringer Hitze ca. 1½ Stunden schmoren lassen. Karotten schälen, in Scheiben schneiden und in Salzwasser ca. 10 Minuten garen.
Wasser abschütten, Sahne zugeben, pürieren, mit Pfeffer und Korianderpulver würzen.
Die Kräuterseitlinge in Scheiben schneiden, Butter in einer Pfanne erhitzen, die Pilze anbraten, mit Salz und Pfeffer abschmecken.
Cocktailtomaten waschen und halbieren.
Die fertig gegarten Beinscheiben aus dem Topf nehmen, vom Knochen lösen und in Portionen schneiden.

Die Soße durch ein Sieb passieren und zusammen mit dem Fleisch, den Tomaten und den Kräuterseitlingen kurz aufkochen.
Mit dem Karottenpüree anrichten.

Pro Portion	kcal	kJ	Fett	Eiweiß	KH
Gesamt ca.	565,9	2362,5	38,8	23,6	16,4

Zubereitungszeit: ca. 1 Stunde 30 Minuten

Spanien

Schweineschnitzel auf Prinzessbohnen

Zutaten
2 Portionen

Schweineschnitzel:
340 g Schweineschnitzel
Salz
Pfeffer, schwarz, frisch gemahlen
1 große Paprika, rot
200 g Tomaten
1 Bund Petersilie, glatt
80 g spanischer Hartkäse
2 EL Olivenöl
1 Msp. Cayennepfeffer
1 TL Paprikapulver
½ TL Estragon, gerebelt

Prinzessbohnen:
200 g Prinzessbohnen
Petersilie

Die Schweineschnitzel kalt abwaschen, trocken tupfen, mit Salz und Pfeffer würzen.
Paprika halbieren, entkernen und in Streifen schneiden.
Tomaten in heißem Wasser kurz blanchieren, enthäuten, halbieren und würfeln. Petersilie waschen, trocken schütteln und klein hacken.
Den Käse fein reiben.
Das Olivenöl in einer Pfanne erhitzen und die Schnitzel ca. 3 Minuten auf jeder Seite anbraten, herausnehmen und beiseitestellen.
Paprika, Tomaten und Petersilie in den Bratenfond geben, kurz andünsten und mit Salz, Pfeffer, Cayennepfeffer, Paprikapulver und Estragon würzen.
Die Schnitzel zugeben und zugedeckt ca. 10 Minuten bei geringer Hitze köcheln lassen.
Die Bohnen waschen, putzen, in Salzwasser ca. 8 Minuten bissfest garen. Wasser abschütten und die Bohnen in eine ofenfeste Kasserolle geben.
Die Schweineschnitzel auf das Gemüse legen, das Fleisch mit dem Paprika bedecken, den geriebenen Käse darüberstreuen und im vorgeheizten Ofen bei 200 °C ca.10 Minuten überbacken.

Auf zwei Tellern anrichten und mit Petersile garnieren.

Pro Portion	**kcal**	**kJ**	**Fett**	**Eiweiß**	**KH**
Gesamt ca.	429,6	1798,0	23,4	47,4	7,2

Zubereitungszeit: ca. 45 Minuten

Gefüllte Paprikaschoten in Chorizosoße

Spanien

Die Spitzpaprika der Länge nach halbieren, putzen, Kerne entfernen, je eine Hälfte in kleine Würfel schneiden.

Petersilie waschen, trocken schütteln und 1 Bund klein hacken.
Eier, Petersilie, Salz und Pfeffer zum Hackfleisch geben und kräftig durchkneten.
Die Paprikaschoten mit dem Hackfleisch füllen.
Chorizo häuten und sehr fein schneiden. Die restliche Petersilie und das Basilikum grob hacken, Knoblauch schälen und durch eine Presse drücken.

Dosentomaten, Paprikawürfel, Rotwein, Chorizo, Petersilie, Basilikum, Knoblauch, Salz und Pfeffer in einen Bräter geben. Kurz aufkochen lassen. Die gefüllten Paprikaschoten daraufsetzen und zugedeckt im vorgeheizten Ofen bei 200 °C ca. 35 Minuten im Backofen garen. In den letzten 10 Minuten den Deckel abnehmen und fertig garen.

Die Paprikaschoten mit der Chorizosoße anrichten, Paprikapulver darüberstreuen, mit Tomatenscheiben und Petersilie garnieren.

Zutaten
2 Portionen

4 Spitzpaprika, gelb
1½ Bund Petersilie
2 Eier
Salz
Pfeffer, schwarz, frisch gemahlen
250 g Hackfleisch, gemischt
100 g Chorizo, scharf
2 Basilikumzweige
2 Knoblauchzehen
250 g Dosentomaten, gehackt
100 ml spanischer Rotwein
Paprikapulver
2 Cocktailtomaten

Pro Portion	kcal	kJ	Fett	Eiweiß	KH
Gesamt ca.	565,1	2221,0	35,9	35,7	11,1

Zubereitungszeit: ca. 45 Minuten

Spanien

Lammkoteletts auf Mandel-Mangold

Zutaten
2 Portionen

Lammkoteletts:
4 Lammkoteletts
3 Knoblauchzehen
2 Rosmarinzweige
5 EL Olivenöl
Salz
Pfeffer, schwarz, frisch gemahlen

Mangold:
300 g Mangold
50 g Mandeln, fein gerieben
1 Msp. Safranpulver
1 EL Olivenöl
10 g Butter
2 EL Rosinen
2 Rosmarinzweige

Die Lammkoteletts kalt abspülen und trocken tupfen. Knoblauchzehen schälen, mit den Rosmarinnadeln klein hacken. 3 EL Olivenöl, Salz und Pfeffer dazugeben, die Lammkoteletts darin wenden und ca. 1 Stunde marinieren.

2 EL Olivenöl in einer Pfanne erhitzen, das Fleisch ca. 3 Minuten auf jeder Seite goldgelb anbraten, mit Alufolie abdecken, im Backofen bei 80 °C 10 Minuten fertig garen.

Den Mangold waschen und in grobe Stücke schneiden. In kochendem Salzwasser ca. 3 Minuten blanchieren, kalt abschrecken und abtropfen lassen. Die Mandeln in einer beschichteten Pfanne unter ständigem Rühren leicht anrösten. Abkühlen lassen. Das Safranpulver in wenig Wasser auflösen. Olivenöl und Butter in einem Topf erhitzen, Mangold, Safran, Mandeln und Rosinen zugeben, kurz aufkochen, mit Salz und Pfeffer würzen.

Das Mangoldgemüse mit den Koteletts anrichten und mit einem Rosmarinzweig garnieren.

Pro Portion	kcal	kJ	Fett	Eiweiß	KH
Gesamt ca.	540,6	2260,4	43,8	32,2	10,5

Zubereitungszeit: ca. 1 Stunde 15 Minuten

Kalbskoteletts mit Safrangemüse

Spanien

Zutaten
2 Portionen

Kalbskoteletts:
2 Kalbskoteletts
3 EL Olivenöl
Salz
Pfeffer, schwarz, frisch gemahlen

Safrangemüse:
100 g Karotten
100 g Kohlrabi
100 g Blumenkohl
100 g Brokkoli
1 Döschen Safranpulver (0,1 g)
2 Orangen
2 EL Rosinen
2 EL Balsamico bianco
2 EL Olivenöl
1 Lorbeerblatt
1 Msp. Steviapulver
Pfeffer, weiß, frisch gemahlen
1 Msp. Korianderpulver
1 Msp. Pimentpulver

Die Kalbskoteletts kalt abspülen und trocken tupfen.
Olivenöl in einer Pfanne erhitzen, die Koteletts auf jeder Seite ca. 3 Minuten kräftig anbraten, mit Salz und Pfeffer würzen.
Mit Alufolie abdecken und im Backofen bei 80 °C 15 Minuten fertig garen.

Karotten schälen, in Stifte schneiden, Kohlrabi schälen, halbieren und in Scheiben schneiden. Blumenkohl und Brokkoli in einzelne Röschen teilen. Das Gemüse in Salzwasser nacheinander bissfest garen.

Das Safranpulver in wenig Wasser auflösen.

Den Saft von zwei Orangen mit den Rosinen, Balsamico, Olivenöl, Lorbeerblatt, Stevia, Salz, Pfeffer, Koriander, Piment und Safran in einen Topf geben und ca. 3 Minuten köcheln.
Das Lorbeerblatt herausnehmen.

Das Gemüse in die Soße geben, kurz aufkochen und mit den Kalbskoteletts anrichten.

Pro Portion	kcal	kJ	Fett	Eiweiß	KH
Gesamt ca.	390,7	1635,1	22,1	33,3	15,3

Zubereitungszeit: ca. 45 Minuten

Marokko

Kalbs-Tajine mit Quitten

Zutaten
2 Portionen

300 g Kalbfleisch
1 Zwiebel
1 Döschen Safranpulver (0,1 g)
4 EL Olivenöl
Kurkumapulver
Zimtpulver
Ingwerpulver
Cayennepfeffer
Steviapulver
Salz
300 g Quitten

Das Kalbfleisch kalt abspülen, trocken tupfen und in ca. 3 cm große Würfel schneiden.
Zwiebel schälen und auf einer Rohkostreibe grob reiben.
Das Safranpulver in ein wenig Wasser auflösen.

Das Kalbfleisch mit der Zwiebel, 2 EL Olivenöl, 1 TL Kurkuma, 1 TL Zimt, 1 TL Ingwer, 1 Msp. Cayennepfeffer, 1 Prise Steviapulver, Safran, Salz und ¼ l Wasser in die Tajine oder einen Bräter geben und heiß werden lassen. Den Deckel daraufsetzen und bei geringer Hitze ca. 1 Stunde schmoren.

Quitten mit einem Tuch den Flaum abreiben, achteln und das Kerngehäuse mit einem scharfen Messer herausschneiden.

Olivenöl in einem Topf erhitzen, die Quitten kurz anbraten, Wasser angießen, bis sie bedeckt sind.
Mit Zimt, Ingwer, Kurkuma, Steviapulver und Salz würzen. Zugedeckt ca. 20 Minuten bei geringer Hitze garen.

Mit einem Schaumlöffel die Quitten aus dem Topf nehmen, zum Fleisch geben und servieren.

Pro Portion	kcal	kJ	Fett	Eiweiß	KH
Gesamt ca.	361,3	1514,6	18,9	31,2	15,8

Zubereitungszeit: ca. 1 Stunde 15 Minuten

Rinderleber mit Paprikasalat

Tunesien

Zutaten
2 Portionen

Paprikasalat:
250 g Paprika, grün
250 g Tomaten
2 Knoblauchzehen
2 Basilikumzweige
2 EL Olivenöl
Salz
Pfeffer, schwarz, frisch gemahlen
1 Msp. Cayennepfeffer

Rinderleber:
300 g Rinderleber
2 Knoblauchzehen
½ Bund Petersilie, glatt
½ Bund Koriander
2 EL Olivenöl
1 TL Paprikapulver
1 Msp. Cayennepfeffer
1 TL Kreuzkümmel, gemahlen
3 EL Weißweinessig

Die Paprika waschen, halbieren, entkernen und auf einem Blech im vorgeheizten Backofen bei 180 °C so lange grillen, bis die Haut dunkel wird.
Ab und zu wenden. Herausnehmen, mit einem feuchten Geschirrtuch abdecken, abkühlen lassen und die Haut abziehen.
Die Tomaten in kochendem Wasser kurz blanchieren, häuten und mit den Paprikaschoten klein würfeln.
Knoblauchzehen schälen und mit den Basilikumblättern fein hacken.
Paprika, Tomaten, Knoblauch, Olivenöl, Basilikum mischen und mit Salz, Pfeffer und Cayennepfeffer würzen.

Die Leberscheiben waschen, trocken tupfen und in Streifen schneiden. Knoblauchzehen schälen und in kleine Würfel schneiden. Petersilie und Koriander waschen, trocken schütteln und sehr fein hacken. Olivenöl in einer Pfanne erhitzen und den Knoblauch kurz andünsten.
Die Leber, Petersilie und Koriander zugeben, mit Paprikapulver, Cayennepfeffer, Kreuzkümmel, Salz und Weißweinessig würzen. Mit einer halben Tasse Wasser ablöschen und ca. 5 Minuten köcheln lassen.
Mit dem Paprikasalat servieren.

Pro Portion	kcal	kJ	Fett	Eiweiß	KH
Gesamt ca.	386,6	1617,0	21,1	34,3	14,4

Zubereitungszeit: ca. 45 Minuten

Geflügel

Italien

Limettenhähnchen auf Zuckerschoten

Zutaten
2 Portionen

Zitronenhähnchen:
400 g Hähnchenbrustfilets
4 Knoblauchzehen
3 EL Olivenöl
3 EL Limettensaft
4 Estragonzweige
Salz
Pfeffer, schwarz, frisch gemahlen

Zuckerschoten:
300 g Zuckerschoten
10 g Butter
2 Limettenscheiben
2 Estragonzweige

Die Hähnchenbrustfilets kalt abwaschen und trocken tupfen.

Den Knoblauch schälen, durch eine Presse drücken, mit Olivenöl, Limettensaft, fein gehackten Estragonblättern, Salz und Pfeffer verrühren.

Die Hähnchenfilets in der Marinade wenden und im Kühlschrank 1 Stunde ziehen lassen.

In einer Grillpfanne von beiden Seiten goldgelb anbraten und im Backofen bei 150 °C ca. 15 Minuten garen.

Die Zuckerschoten putzen, waschen und in heißem Salzwasser bissfest garen. Das Wasser abgießen.
Butter in einem Topf zergehen lassen, die Schoten darin wenden und auf zwei Tellern anrichten.

Das Zitronenhähnchen in Scheiben schneiden, auf die Zuckerschoten platzieren, mit einer Limettenscheibe und einem Estragonzweig garnieren.

Pro Portion	kcal	kJ	Fett	Eiweiß	KH
Gesamt ca.	306,3	1283,0	16,3	23,9	15,9

Zubereitungszeit: ca. 1 Stunde 15 Minuten

Hähnchenbrustfilet mit Parmaschinken

Italien

Hähnchenbrustfilets kalt abspülen und trocken tupfen. Mit Salz und Pfeffer würzen.

Auf jedes Filetstück zwei Basilikumblätter und eine Scheibe Parmaschinken legen. Mit je zwei Holzspießchen befestigen.

Die Kirschtomaten waschen und trocknen.
Lauchzwiebeln putzen und in ca. 10 cm große Stücke schneiden.
Petersilie waschen, trocken schütteln und grob hacken.

Olivenöl und Butter in einem Bräter erhitzen, die Hähnchenbrustfilets auf jeder Seite ca. 3 Minuten goldgelb anbraten.

Tomaten, Petersilie und Lauchzwiebeln zufügen und kurz mitdünsten.

Den Weißwein angießen und zugedeckt ca. 5 Minuten garen.
Mit Salz und Pfeffer abschmecken.

Anrichten und mit einem Petersilienzweig garnieren.

Zutaten
2 Portionen

300 g Hähnchenbrustfilets
Salz
Pfeffer, weiß, frisch gemahlen
4 Basilikumblätter
2 Scheiben Parmaschinken
150 g Kirschtomaten
150 g Lauchzwiebeln
1 Bund Petersilie
3 EL Olivenöl
20 g Butter
125 ml Weißwein

Pro Portion	kcal	kJ	Fett	Eiweiß	KH
Gesamt ca.	423,6	1769,3	25,0	31,3	8,1

Zubereitungszeit: ca. 20 Minuten

Italien

Putengeschnetzeltes mit Schwarzwurzeln

Zutaten
2 Portionen

Schwarzwurzeln:
200 g Schwarzwurzeln
3 EL Zitronensaft
20 g Butter
Muskat, frisch gemahlen
1 Prise Steviapulver
200 ml Gemüsebrühe
100 g Sahne
Salz

Putengeschnetzeltes:
300 g Putenbrustfilet
1 Zwiebel
200 g Champignons, braun
2 EL Olivenöl
150 ml Hühnerbrühe
100 g Sahne
3 EL Sherry
Pfeffer, schwarz, frisch gemahlen
1 El Petersilie, gehackt

Die Schwarzwurzeln kalt abspülen, schälen, in große Stücke schneiden und sofort mit Zitronensaft beträufeln.

Butter in einem Topf erhitzen, Schwarzwurzeln zugeben und ca. 4 Minuten andünsten. Die Gemüsebrühe angießen, aufkochen lassen und zugedeckt ca. 10 Minuten bei geringer Hitze garen. Sahne zugeben, mit Salz, Stevia und Muskat würzen und ca. 3 Minuten sämig einkochen lassen.

Putenbrust waschen, trocken tupfen und in Streifen schneiden. Zwiebel schälen und würfeln. Champignons putzen und achteln.

Das Olivenöl in einer Pfanne erhitzen und die Putenstreifen goldgelb anbraten.
Pilze und Zwiebeln hinzufügen und weitere 3 Minuten unter Rühren braten. Hühnerbrühe, Sahne und Sherry über das Geschnetzelte gießen, mit Salz und Pfeffer würzen und kurz aufkochen lassen.

Das Putengeschnetzelte mit den Schwarzwurzeln anrichten und mit gehackter Petersilie garnieren.

Pro Portion	kcal	kJ	Fett	Eiweiß	KH
Gesamt ca.	477,8	1998,8	30,7	42,3	4,9

Zubereitungszeit: ca. 30 Minuten

Entenbrustfilet mit Gorgonzolasoße

Italien

Die Entenbrust waschen, trocken tupfen und mit einem scharfen Messer die weiße Haut bis zum Fleisch rautenförmig einritzen.

Olivenöl in einem Bräter erhitzen und das Filet mit der Haut nach unten bei mittlerer Hitze ca. 10–15 Minuten knusprig braten. Wenden und weitere 8 Minuten auf der Fleischseite braten. Mit Salz und Pfeffer würzen, in Alufolie einpacken und im Backofen bei 50 °C warm halten.

Den Rosenkohl putzen, waschen und in Salzwasser ca. 10 Minuten bissfest garen, abschütten und warm stellen.

Die Birne schälen, halbieren, entkernen und klein schneiden.
Butter in einer Pfanne erhitzen und die Birnenstücke andünsten.
Geflügelbrühe und Weißwein angießen und bei mittlerer Hitze ca. 5 Minuten köcheln lassen.
Den Gorgonzola zerbröckeln, zugeben und unter ständigem Rühren schmelzen lassen. Die Sahne angießen und ca. 3 Minuten cremig einkochen lassen.
Das Entenbrustfilet in Scheiben schneiden und mit der Gorgonzolasoße und dem Rosenkohl anrichten.

Zutaten
2 Portionen

Entenbrustfilet:
1 Entenbrustfilet (ca. 350 g)
2 EL Olivenöl
Salz
Pfeffer, schwarz, frisch gemahlen
300 g Rosenkohl

Gorgonzolasoße:
1 Birne
20 g Butter
150 ml Geflügelbrühe
50 ml Weißwein
60 g Gorgonzola
50 ml Sahne

Pro Portion	kcal	kJ	Fett	Eiweiß	KH
Gesamt ca.	625,4	2615,0	37,5	47,2	13,8

Zubereitungszeit: ca. 30 Minuten

Frankreich

Hähnchenschenkel mit mediterranem Gemüse

Zutaten
2 Portionen

Hähnchenschenkel:
2 Hähnchenschenkel
1 TL Olivenöl
Salz
Pfeffer, schwarz, frisch gemahlen

Gemüse:
2 Stangensellerie
1 Aubergine
1 Zucchini
2 Knoblauchzehen
200 g Tomaten
1 Rosmarinzweig
2 EL Olivenöl

Die Hähnchenschenkel kalt abspülen, trocken tupfen, mit Olivenöl bestreichen, mit Salz und Pfeffer würzen.

Das Gemüse waschen und putzen. Den Stangensellerie in Scheiben schneiden, Aubergine und Zucchini grob würfeln.

Knoblauch schälen und in Scheiben schneiden.

Tomaten in heißem Wasser kurz blanchieren, häuten und klein hacken. Die Rosmarinnadeln abzupfen.

Das klein geschnittene Gemüse mit dem Knoblauch, Rosmarin und dem Olivenöl in einen Bräter geben, mischen und mit Salz und Pfeffer würzen.

Die Hähnchenschenkel darauflegen und im vorgeheizten Backofen bei 180 °C ca. 45 Minuten garen.

Pro Portion	kcal	kJ	Fett	Eiweiß	KH
Gesamt ca.	525,1	2195,6	35,0	36,3	13,8

Zubereitungszeit: ca. 45 Minuten

Hähnchenbrustfilet mit Basilikumsoße

Frankreich

Die Hühnerbrühe aufkochen, mit Salz und Pfeffer würzen.

Das Fleisch kalt abspülen, in die Brühe geben und zugedeckt bei milder Hitze ca. 10 Minuten garen.
Mit einer Schaumkelle herausnehmen, in Alufolie wickeln und warm halten.

Den Spargel schälen und die holzigen Enden abschneiden.
Die Zuckerschoten putzen und waschen.
Salzwasser aufkochen und das Gemüse nacheinander bissfest garen.
Basilikumblätter abzupfen und klein hacken.

80 ml Hühnerbrühe mit Eigelb, Zitronensaft, Wein, Senf, Basilikum, Salz und Pfeffer in einem Topf verquirlen und bei milder Hitze mit dem Schneebesen zu einer dicklichen Creme aufschlagen.
Die kalten Butterwürfel nach und nach unterrühren.

Das Hähnchenfleisch in Scheiben schneiden und mit der Soße und dem Gemüse anrichten.

Pro Portion	kcal	kJ	Fett	Eiweiß	KH
Gesamt ca.	414,9	1723,1	22,8	36,0	12,1

Zubereitungszeit: ca. 30 Minuten

Zutaten
2 Portionen

Hähnchenbrustfilet:
1 l Hühnerbrühe
Salz
Pfeffer, schwarz, frisch gemahlen
300 g Hähnchenbrustfilet

Gemüse:
250 g Spargel, weiß
200 g Zuckerschoten

Basilikumsoße:
1 Bund Basilikum
80 ml Hühnerbrühe
3 Eigelb
1 TL Zitronensaft
4 EL Weißwein
½ TL Senf
Pfeffer, weiß, frisch gemahlen
50 g Butter

Frankreich

Putenschnitzel mit einer Gemüseterrine

Zutaten
2 Portionen

Gemüseterrine:
200 g Lauch
200 g Karotten
200 g Erbsen, tiefgekühlt
1 Bund Schnittlauch
1 Bund Petersilie
10 g Butter
3 Eier
100 g Crème fraîche
150 g Sahne
Salz
Pfeffer, schwarz, frisch gemahlen
1 Msp. Muskat, gemahlen

Putenschnitzel:
2 EL Olivenöl
300 g Putenschnitzel
10 g Butter
50 ml Sahne
Paprikapulver

Den Lauch putzen, waschen und in feine Streifen schneiden. Karotten schälen und klein würfeln. Tiefkühlerbsen auftauen lassen. Das Gemüse in kochendem Salzwasser ca. 5 Minuten garen, in ein Sieb abschütten und abtropfen lassen. Schnittlauch und Petersilie waschen, trocken schütteln und klein hacken.
Eine Auflaufform mit Butter einfetten.
Eier, Crème fraîche und Sahne in einer Schüssel verrühren, mit Salz, Pfeffer und Muskat würzen. Gemüse und Kräuter unterrühren und die Masse in die Auflaufform füllen.
Die Form in ein Wasserbad stellen und zugedeckt ca. 45 Minuten im vorgeheizten Backofen bei 180 °C stocken lassen. Herausnehmen und abkühlen lassen.

Olivenöl in einer Pfanne erhitzen, Putenschnitzel auf jeder Seite ca. 5 Minuten knusprig anbraten, mit Salz und Pfeffer würzen, aus der Pfanne nehmen. Butter und Sahne in den Bratenfond geben und bei starker Hitze unter ständigem Rühren eindicken lassen.

Die abgekühlte Terrine mit einem Messer von der Form lösen, stürzen, in Scheiben schneiden und mit den Schnitzeln und der Rahmsoße anrichten. Mit Paprikapulver bestreuen.

Pro Portion	kcal	kJ	Fett	Eiweiß	KH
Gesamt ca.	562,8	2348,6	31,5	48,0	18,1

Zubereitungszeit: 30 Minuten

Estragonkaninchen mit Feldsalat

Frankreich

Die Kaninchenschenkel mit kaltem Wasser abspülen, trocken tupfen und mit Salz und Pfeffer würzen. Knoblauch und Schalotten schälen und klein würfeln. Die Estragonblätter abzupfen, fein hacken und mit dem Senf verrühren.
Das Olivenöl in einem Bräter erhitzen und die Kaninchenschenkel rundum goldgelb anbraten. Herausnehmen und mit der Senfmischung bestreichen. Schalotten und Knoblauch in den Bratenfond geben, leicht andünsten, mit Weißwein und Hühnerbrühe ablöschen. Rosmarin und Thymian zugeben, mit Salz und Pfeffer würzen und kurz aufkochen lassen.
Die Kaninchenschenkel in den Bräter legen und zugedeckt im vorgeheizten Backofen bei 180 °C ca. 45 Minuten garen. Herausnehmen, in Alufolie wickeln und warm halten. Die Kräuterzweige herausfischen.

Den Bräter auf den Herd stellen und die Soße bei großer Hitze ca. 2 Minuten einkochen lassen. Estragon und Crème fraîche einrühren. Feldsalat putzen, waschen und mit einem Dressing aus Olivenöl, Balsamico, Salz und Pfeffer mischen.

Kaninchenschenkel mit der Soße und dem Salat anrichten.

Pro Portion	kcal	kJ	Fett	Eiweiß	KH
Gesamt ca.	407,5	1698,9	26,2	28,8	5,6

Zubereitungszeit: ca. 45 Minuten

Zutaten
2 Portionen

Estragonkaninchen:
300 g Kanichenschenkel
Salz
Pfeffer, schwarz, frisch gemahlen
2 Knoblauchzehen
2 Schalotten
4 Estragonzweige
2 EL Dijonsenf
2 EL Olivenöl
100 ml Weißwein
200 ml Hühnerbrühe
1 Rosmarinzweig
2 Thymianzweige
50 g Crème fraîche

Salat:
150 g Feldsalat
2 EL Olivenöl
2 EL Balsamico bianco
Pfeffer, weiß, frisch gemahlen

Spanien

Hähnchenschenkel mit Bananengemüse

Zutaten
2 Portionen

Hähnchenschenkel:
2 Hähnchenschenkel
1 TL Olivenöl
Salz
Pfeffer, weiß, frisch gemahlen
Paprikapulver
Bratenschlauch

Bananengemüse:
200 g Lauch
50 g Ingwer, frisch
20 g Butter
100 ml Gemüsebrühe
Pfeffer, schwarz, frisch gemahlen
1 Banane
4 Zitronenscheiben

Die Hähnchenschenkel waschen und trocken tupfen.
Mit Olivenöl bestreichen, salzen, pfeffern und mit Paprikapulver bestäuben.
Die Hähnchenschenkel im Bratenschlauch bei 180 °C ca. 30–40 Minuten knusprig braten.

Den Lauch waschen, putzen und in feine Ringe schneiden, Ingwer schälen und in Streifen schneiden.

Die Butter in einem Topf zergehen lassen, Lauch und Ingwer zugeben, leicht andünsten, mit der Gemüsebrühe ablöschen und ca. 10 Minuten garen. Mit Salz und Pfeffer würzen.

Banane schälen, in Scheiben schneiden, zum Gemüse geben und unter Wenden 1 Minute mitdünsten.
Die knusprigen Hähnchenschenkel mit zwei Zitronenscheiben garnieren und mit dem Bananengemüse anrichten.

Pro Portion	kcal	kJ	Fett	Eiweiß	KH
Gesamt ca.	422,5	1765,7	27,3	29,3	14,8

Zubereitungszeit: ca. 40 Minuten

Stubenküken auf Cognac-Apfel

Spanien

Das Stubenküken waschen und trocken tupfen. Mit 1 EL Olivenöl bestreichen, mit Salz und Paprikapulver bestäuben.

In einen Bräter setzen, etwas Olivenöl hinzufügen und im vorgeheizten Backofen bei 200 °C ca. 30 Minuten garen.

Die Karotten schälen, in feine Scheiben schneiden und in Salzwasser ca. 5 Minuten bissfest garen.

Mit einem Dressing aus Olivenöl, Weißweinessig, fein gehacktem Knoblauch, Oregano, Kreuzkümmel, Salz und Pfeffer mischen. Circa 15 Minuten ziehen lassen.

Die Äpfel schälen, halbieren, entkernen und in Scheiben schneiden.

Sahne und Cognac in einen Topf gießen, erhitzen, die Apfelschnitze hinzufügen, mit Salz und Pfeffer würzen. Im offenen Topf bei geringer Hitze ca. 10 Minuten garen.

Das knusprige Stubenküken, Cognacäpfel und Karottensalat anrichten.

Pro Portion	kcal	kJ	Fett	Eiweiß	KH
Gesamt ca.	594,3	2491,7	41,7	33,4	18,6

Zubereitungszeit: 30 Minuten

Zutaten
2 Portionen

Stubenküken:
1 Stubenküken (ca. 400 g)
1 EL Olivenöl
Salz
Paprikapulver

Karottensalat:
300 g Karotten
2 EL Olivenöl
2 EL Weißweinessig
1 Knoblauchzehe
½ TL Oregano
1 Msp. Kreuzkümmel
Pfeffer, weiß, frisch gemahlen

Cognac-Apfel:
2 Äpfel, mittelgroß
150 g Sahne
1 EL Cognac

Spanien

Hähncheneintopf mit Mandel-Ananas

Zutaten
2 Portionen

300 g Hähnchenbrustfilet
1 Zwiebel
2 Knoblauchzehen
200 g Karotten
200 g Lauch
3 EL Olivenöl
Salz
Pfeffer, weiß, frisch gemahlen
200 ml Geflügelfond
80 g Mandeln, gemahlen
150 g Ananas, frisch oder Konserve
50 g Sahne

Das Hähnchenbrustfilet kalt abwaschen, trocken tupfen und in große Würfel schneiden.

Die Zwiebel und den Knoblauch schälen und fein hacken.
Karotten und Lauch waschen, putzen und in feine Ringe schneiden.

Das Olivenöl in einem Schmortopf erhitzen, das Hähnchenfleisch kurz und kräftig anbraten und wieder herausnehmen.

Zwiebel und Knoblauch in dem Bratenfond andünsten, Gemüse und Hähnchenfleisch hinzufügen und mit Salz und Pfeffer würzen.

Den Geflügelfond angießen und ca. 5 Minuten bei mittlerer Hitze schmoren. Mandeln und Sahne dazugeben und weitere 10 Minuten garen.

Die Ananasscheiben in große Stücke schneiden und in den fertigen Hähncheneintopf geben.

Pro Portion	kcal	kJ	Fett	Eiweiß	KH
Gesamt ca.	478,0	2007,2	26,4	36,5	24,2

Zubereitungszeit: ca. 25 Minuten

Hähnchenbrustfilet mit Avocadodip

Spanien

Das Hähnchenbrustfilet kalt abwaschen, trocken tupfen und quer in ca. 1 cm dicke Scheiben schneiden.
Mit einer Marinade aus Olivenöl, Sojasoße, Salz und Cayennepfeffer mischen und ca. 15 Minuten ziehen lassen.

Die Tomaten waschen, halbieren und in kleine Stücke schneiden.
Die Avocado halbieren, den Kern entfernen, das Innere mit einem Löffel aus der Schale lösen und mit einer Gabel fein zerdrücken.
Die Limette heiß waschen, trocknen, fein abreiben und den Saft auspressen.

Tomatenstücke, Avocado, Limettensaft, Limettenschale und Olivenöl verrühren und mit Salz und Pfeffer kräftig würzen.
Korianderblättchen grob hacken und über den Dip streuen.

Die Hähnchenfiletscheiben in einer beschichteten Pfanne bei starker Hitze ca. 3 Minuten knusprig anbraten.

Avocadodip und Filetstücke in Schälchen anrichten.
Mit einer Limettenscheibe und Korianderzweigen garnieren.

Pro Portion	kcal	kJ	Fett	Eiweiß	KH
Gesamt ca.	388,7	1625,6	26,1	30,6	9,2

Zubereitungszeit: 30 Minuten

Zutaten
2 Portionen

Hähnchenbrustfilet:
300 g Hähnchenbrustfilet
3 EL Olivenöl
1 EL Sojasoße
Salz
Cayennepfeffer

Avocadodip:
400 g Tomaten
1 Avocado
1 Limette, unbehandelt
2 EL Olivenöl
Pfeffer, weiß, frisch gemahlen
6 Korianderzweige
4 Limettenscheiben

Griechenland

Hähnchenspieße mit Auberginenpüree

Zutaten
2 Portionen

Hähnchenspieße:
2 Hähnchenkeulen
100 g Joghurt (3,5%)
2 EL Olivenöl
1 EL Zitronensaft
1 TL Harissa
½ TL Piment, gemahlen
½ TL Kurkumapulver
½ TL Pfeffer, schwarz, frisch gemahlen
½ TL Paprikapulver

Auberginenpüree:
2 große Auberginen
2 Knoblauchzehen
50 g eingelegten Paprika
Salz
2 EL Zitronensaft
3 EL Olivenöl

Das marinierte Hähnchenfleisch am Vortag zubereiten.

Die Hähnchenkeulen kalt abspülen, trocken tupfen und die Haut abziehen. Das Fleisch vom Knochen lösen und in große Stücke schneiden.
Joghurt, Olivenöl, Zitronensaft, Harissa und die Gewürze verrühren, unter das Hähnchenfleisch mischen und abgedeckt im Kühlschrank über Nacht marinieren.

Die Auberginen mehrmals mit einer Gabel einstechen, auf einen Rost legen und im vorgeheizten Backofen bei 200 °C ca. 30 Minuten garen. Abkühlen lassen, die Haut abziehen und das Fruchtfleisch grob würfeln. Knoblauch schälen und zerdrücken.
Eingelegten Paprika, Auberginenstücke, Knoblauch, Zitronensaft, 2 EL Olivenöl, Salz und Pfeffer in eine Schüssel geben und mit dem Stabmixer pürieren.
Das marinierte Hähnchenfleisch auf vier Holzspieße stecken.
Eine Grillpfanne mit 1 EL Olivenöl einpinseln, die Spieße bei mittlerer Hitze rundum ca. 8 Minuten knusprig anbraten.

Mit Salz und Pfeffer würzen und mit dem Auberginenpüree servieren.

Pro Portion	kcal	kJ	Fett	Eiweiß	KH
Gesamt ca.	445,1	1861,5	26,9	40,1	9,8

Zubereitungszeit: ca. 40 Minuten

Hähnchen-Gyros mit Zaziki

Griechenland

Die Gurke putzen, waschen, raspeln und die Flüssigkeit gut ausdrücken. Zwei Knoblauchzehen schälen und fein hacken.
Den Joghurt mit den Gurkenraspeln und dem Knoblauch mischen, mit Salz, Pfeffer und Steviapulver würzen.

Die Zwiebeln schälen und vierteln. Zucchini waschen, putzen, halbieren und in beliebig große Stücke schneiden.
Die Tomaten waschen und vierteln.
Zwiebeln, Zucchini und Tomaten nacheinander mit je 1 EL Olivenöl ca. 3 Minuten anbraten, mit Salz und Pfeffer würzen.

Die Hähnchenfilets waschen, trocken tupfen und in Streifen schneiden. Mit Salz, Pfeffer und Gyrosgewürz kräftig würzen.

Den Knoblauch schälen, durch die Presse drücken und mit 2 EL Olivenöl unter das Hähnchenfleisch mischen.
In einer beschichteten Pfanne rundum ca. 5 Minuten knusprig anbraten.

Die Hähnchenfilets mit allen Zutaten mischen, kurz aufkochen, anrichten und mit dem Zaziki servieren.

Pro Portion	kcal	kJ	Fett	Eiweiß	KH
Gesamt ca.	323,5	1351,7	14,8	34,4	15,9

Zubereitungszeit: 30 Minuten

Zutaten
2 Portionen

Zaziki:
150 g Salatgurke
2 Knoblauchzehen
150 g Joghurt
Salz
Pfeffer, weiß, frisch gemahlen
1 Prise Steviapulver

Gemüse:
2 rote Zwiebeln
300 g Zucchini
150 g kleine Tomaten
3 EL Olivenöl

Hähnchenfilets:
300 g Hähnchenfilets
Pfeffer, schwarz, frisch gemahlen
Gyrosgewürz
1 Knoblauchzehe
2 EL Olivenöl

Griechenland

Entenbrustfilet auf Kräutergemüse

Zutaten
2 Portionen

Entenbrustfilet:
400 g Entenbrustfilet
2 EL Olivenöl
Salz
Pfeffer, schwarz, frisch gemahlen

Orangensoße:
2 Orangen, unbehandelt
100 ml Sahne
Pfeffer, weiß, frisch gemahlen

Kräutergemüse:
1 EL frische Minze
1 EL Dill
1 EL Petersilie
300 g Lauch
300 g Karotten
1 EL Olivenöl
1 EL Limettensaft

Die Entenbrust waschen, trocken tupfen und mit einem scharfen Messer die weiße Haut bis zum Fleisch rautenförmig einritzen.
Olivenöl in einem Bräter erhitzen und das Filet mit der Haut nach unten bei mittlerer Hitze ca. 10–15 Minuten knusprig braten.
Wenden und weitere 8 Minuten auf der Fleischseite braten.
Mit Salz und Pfeffer würzen, in Alufolie einpacken und im Backofen bei 50° C warm halten.
Eine Orange heiß waschen, trocknen, die Schale abreiben, den Saft auspressen. Die zweite Orange schälen, die Filets zwischen den Trennwänden herausschneiden. Orangenschale, Filets und Saft mit der Sahne in einen Topf geben und bei starker Hitze ca. 5 Minuten cremig einkochen lassen. Mit Salz und Pfeffer würzen.
Minze, Dill und Petersilie grob hacken.
Den Lauch putzen, längs aufschneiden, waschen und in 10 cm lange Stücke schneiden. Die Karotten schälen und vierteln.
Das Gemüse in einen großen Topf legen, mit den Kräutern bestreuen mit Wasser bedecken, Salz, Olivenöl und Limettensaft hinzufügen und bei mittlerer Hitze ca. 8 Minuten garen.

Entenbrustfilet mit der Orangensoße und dem Kräutergemüse anrichten.

Pro Portion	kcal	kJ	Fett	Eiweiß	KH
Gesamt ca.	598,6	2506,6	43,3	33,4	18,1

Zubereitungszeit: 30 Minuten

Putengeschnetzeltes auf Weißkohl

Griechenland

Die Putenschnitzel waschen, trocken tupfen und in feine Streifen schneiden.

Knoblauch schälen und durch eine Presse drücken.
Olivenöl mit dem Knoblauch, Oregano, Thymian, Paprikapulver, Salz und Pfeffer vermischen. Das Hähnchenfleisch darin wenden und ca. 15 Minuten ziehen lassen.

Den Weißkohl und den Paprika waschen, putzen und in sehr feine Streifen schneiden.
Eine beschichtete Pfanne stark erhitzen und das eingelegte Hähnchenfleisch mit der Marinade darin rundherum ca. 3 Minuten scharf anbraten.
Den Weißkohl und die Paprikastreifen dazugeben und weitere 5 Minuten unter Wenden mitbraten.
Mit Salz und Pfeffer abschmecken.
Petersilie waschen, trocken schütteln, fein hacken, unter den Joghurt mischen, mit Salz und Pfeffer würzen.

Das Putengeschnetzelte auf einer Platte anrichten und mit der Joghurtsoße servieren.

Pro Portion	kcal	kJ	Fett	Eiweiß	KH
Gesamt ca.	422,3	1766,6	22,9	42,9	15,0

Zubereitungszeit: 30 Minuten

Zutaten
2 Portionen

Putengeschnetzeltes:
300 g Putenschnitzel
3 Knoblauchzehen
4 EL Olivenöl
1 TL Oregano, getrocknet
1 TL Thymian, getrocknet
1 TL Paprikapulver
Salz
Pfeffer, schwarz, frisch gemahlen

Weißkohl:
300 g Weißkohl
1 Paprika, rot

Joghurtsoße:
½ Bund Petersilie
250 g Sahnejoghurt
Pfeffer, weiß, frisch gemahlen

Türkei

Hähnchenpfanne mit Spitzpaprika

Zutaten
2 Portionen

400 g Hähnchenklein
Salz
Pfeffer, schwarz, frisch gemahlen
Paprikapulver
3 Knoblauchzehen
4 Schalotten
150 g Spitzpaprika, grün
150 g Spitzpaprika, rot
150 g Fleischtomaten
150 g Karotten
3 EL Olivenöl
1 EL Tomatenmark
2 Rosmarinzweige
2 Thymianzweige

Das Hähnchenklein kalt abspülen, trocken tupfen und mit Salz, Pfeffer und Paprikapulver bestreuen.

Knoblauch und Schalotten schälen und längs halbieren.
Die Paprikaschoten putzen, waschen, halbieren, die Kerne entfernen und in große Stücke schneiden.
Fleischtomaten in heißem Wasser kurz blanchieren, die Haut abziehen, halbieren und in große Würfel schneiden. Die Karotten schälen und in Ringe schneiden.

Olivenöl in einem großen Bräter erhitzen und das Hähnchenfleisch rundum ca. 5 Minuten kräftig anbraten.
Knoblauch, Schalotten, Paprikaschoten, Karotten und Fleischtomaten zugeben und kurz mitbraten.
200 ml Wasser mit dem Tomatenmark mischen und über das Gericht gießen. Mit Salz und Pfeffer würzen. Rosmarin- und Thymianzweige zwischen die Zutaten legen.

Den Bräter mit dem Deckel verschließen und im vorgeheizten Backofen bei 200 °C ca. 45 Minuten garen.

Pro Portion	kcal	kJ	Fett	Eiweiß	KH
Gesamt ca.	416,8	1749,1	25,5	34,1	10,9

Zubereitungszeit: ca. 45 Minuten

Ingwerhähnchen mit Möhren und Blumenkohl

Marokko

Den Blumenkohl waschen, putzen und in kleine Röschen teilen. Möhren schälen, längs halbieren, in 10 cm große Stücke schneiden und achteln. Die Zwiebeln schälen und in je sechs Spalten schneiden. Knoblauch und Ingwer schälen und fein hacken.

Das Hähnchenfilet waschen, trocken tupfen und in ca. 5 cm große Würfel schneiden. Das Olivenöl in einem Bräter erhitzen und die Filetstücke darin goldgelb anbraten.

Zwiebeln, Knoblauch, Ingwer, Gemüse und die Zimtstange zugeben und kurz mitdünsten. Die Gemüsebrühe angießen, mit Salz und Pfeffer würzen, bei geringer Hitze ca. 15 Minuten schmoren.

Die Pistazien grob hacken und in einer beschichteten Pfanne ohne Öl anrösten. Den Koriander abbrausen, trocken schütteln und fein hacken.

Das Ingwerhähnchen auf zwei Tellern anrichten, mit dem Koriander und den Pistazien bestreuen.

Zutaten
2 Portionen

200 g Blumenkohl
200 g Möhren
2 kleine Zwiebeln
2 Knoblauchzehen
20 g Ingwer, frisch
300 g Hähnchenfilet
2 EL Olivenöl
1 Zimtstange
200 ml Gemüsebrühe
Salz
Pfeffer, schwarz, frisch gemahlen
30 g Pistazien
4 Korianderzweige

Pro Portion	kcal	kJ	Fett	Eiweiß	KH
Gesamt ca.	367,0	1480,9	19,7	34,1	13,9

Zubereitungszeit: ca. 25 Minuten

Fisch und Meeresfrüchte

Frankreich

Kabeljaufilet in Senfsoße

Zutaten
2 Portionen

300 g Kabeljaufilet
1 Limette
Salz
Pfeffer, weiß, frisch gemahlen
200 g Lauch
1 Bund Dill
200 g Karotten
200 g Crème fraîche
2 EL körniger Senf
1 Prise Steviapulver

Das Kabeljaufilet waschen, trocken tupfen, mit Limettensaft beträufeln, mit Salz und Pfeffer würzen.

Den Lauch putzen, waschen und in feine Ringe schneiden.
Den Dill abbrausen, trocken schütteln und fein hacken.
Die Karotten putzen, schälen und in dünne Ringe schneiden.

Das Gemüse in eine Auflaufform geben, mit Salz und Pfeffer würzen.

Die Hälfte der Crème fraîche darüber verteilen und den Fisch darauflegen. Die restliche Crème fraîche mit Senf, Dill und etwas Stevia verrühren und auf dem Fisch verteilen.

Zugedeckt im vorgeheizten Backofen bei 200 °C ca. 30 Minuten garen.

Auf einem Teller anrichten, mit Limettensaft beträufeln, mit einem Dillzweig und einer Limettenscheibe garnieren.

Pro Portion	kcal	kJ	Fett	Eiweiß	KH
Gesamt ca.	455,0	1842,5	29,0	30,8	11,2

Zubereitungszeit: ca. 40 Minuten

Makrelenmousse auf Eichblattsalat

Frankreich

Zutaten
2 Portionen

300 g Makrelen, geräuchert
2 EL Crème fraîche
2 Eier, hart gekocht
1 TL Limettensaft
Cayennepfeffer
Salz
Pfeffer, weiß, frisch gemahlen

Eichblattsalat:
1 Eichblattsalat
2 Tomaten
2 EL Olivenöl
1 EL Balsamico bianco

Die Makrelen häuten, die Gräten entfernen und den Fisch in Stücke schneiden.

Die Fischstücke, Crème fraîche, Eigelb, Limettensaft, Cayennepfeffer, Salz und Pfeffer in einem Mixer pürieren und ca. 30 Minuten kalt stellen.

Den Eichblattsalat putzen, waschen und trocken schleudern.

Die Tomaten putzen, waschen, halbieren, den Strunk herausschneiden und in feine Scheiben schneiden.

Für das Dressing Olivenöl, Balsamico, Salz und Pfeffer verrühren.

Den Salat und die Tomatenscheiben auf zwei Tellern anrichten und mit dem Dressing beträufeln.

Aus dem kalten Makrelenmousse mit zwei großen Löffeln Nocken formen und auf dem Salat verteilen.

Pro Portion	kcal	kJ	Fett	Eiweiß	KH
Gesamt ca.	482,4	2021,1	38,2	30,5	3,1

Zubereitungszeit: ca. 45 Minuten

Frankreich

Zutaten
2 Portionen

Gemüse:
200 g Fenchel
200 g Karotten
200 g kleine Strauchtomaten
2 Knoblauchzehen
1 rote Zwiebel
2 EL Olivenöl
1 EL Tomatenmark
150 ml Gemüsebrühe
3 EL Pastis
Salz
Pfeffer, schwarz, frisch gemahlen

Lachsfilet:
2 Thymianzweige
2 Rosmarinzweige
300 g Lachsfilet
4 EL Olivenöl
2 TL Dijonsenf
Pfeffer, weiß, frisch gemahlen
2 Petersilienzweige

Lachsfilet mit Pastis

Den Fenchel putzen waschen und in feine Streifen schneiden. Karotten schälen, waschen, längs halbieren und in schmale Stifte schneiden.

Die Strauchtomaten waschen, halbieren und vierteln.
Knoblauch schälen und fein hacken.
Die Zwiebel schälen, halbieren und in feine Streifen schneiden. Olivenöl in einem Topf erhitzen, Zwiebel und Knoblauch andünsten, Karotten und Fenchel zugeben, das Tomatenmark unterrühren, mit Gemüsebrühe und Pastis ablöschen und dann mit Salz und Pfeffer würzen. Bei milder Hitze ca. 6 Minuten bissfest garen.
Die Tomaten zugeben und kurz erhitzen.

Thymian- und Rosmarinzweige waschen, trocken schütteln und fein hacken. Das Lachsfilet waschen, trocken tupfen, mit Salz und Pfeffer würzen. 2 EL Olivenöl mit Senf und Kräutern mischen und das Lachsfilet auf beiden Seiten damit bestreichen.
2 EL Olivenöl in einer beschichteten Pfanne erhitzen und das Filet auf jeder Seite ca. 5 Minuten anbraten.

Den gebratenen Fisch in vier Scheiben schneiden, mit dem Gemüse anrichten und mit gehackter Petersilie bestreuen.

Pro Portion	kcal	kJ	Fett	Eiweiß	KH
Gesamt ca.	514,7	2154,8	32,3	35,5	12,9

Zubereitungszeit: ca. 30 Minuten

Kabeljaufilet mit Spargel

Frankreich

Zutaten
2 Portionen

Spargel:
250 g grüner Spargel
250 g weißer Spargel
Salz
1 Prise Steviapulver
1 Orange, unbehandelt
3 EL Mandelblättchen
20 g Butter
Pfeffer, weiß, frisch gemahlen

Kabeljaufilet:
300 g Kabeljaufilet
2 TL Limettensaft
Pfeffer, schwarz, frisch gemahlen
1 Prise Mehl
10 g Butter
2 EL Olivenöl
2 Limettenscheiben
2 Petersilienzweige

Den Spargel waschen, schälen (den grünen Spargel nur im unteren Drittel), die holzigen Endstücke abschneiden.

Wasser in einem großen Topf erhitzen, Salz und Stevia hinzufügen und den Spargel darin ca. 10 Minuten garen.

Die Orange heiß abwaschen, trocknen, Schalenstücke dünn abschneiden und in ganz feine Stifte schneiden.
Den Saft auspressen.

Die Mandeln in einer beschichteten Pfanne goldgelb rösten.
Butter, Orangensaft und -stifte dazugeben und bei geringer Hitze ca. 5 Minuten köcheln lassen. Mit Salz und Pfeffer würzen.

Den Kabeljau waschen, trocken tupfen und mit Limettensaft beträufeln. Mit Salz und Pfeffer würzen, mit Mehl bestäuben. Butter und Olivenöl in einer Pfanne erhitzen, die Filets darin auf jeder Seite ca. 3 Minuten knusprig anbraten.
Den Spargel mit einer Schaumkelle herausheben, auf einer Platte anrichten und die Orangenmandeln darüberstreuen.

Den Kabeljau mit einer Limettenscheibe und einem Petersilienzweig garnieren.

Pro Portion	kcal	kJ	Fett	Eiweiß	KH
Gesamt ca.	385,5	1603,8	23,3	32,7	8,5

Zubereitungszeit: ca. 35 Minuten

Italien

Saiblingsfilet auf Mango-Avocado

Zutaten
2 Portionen

Mango-Avocado:
1 Avocado
1 Mango
1 Bund Petersilie
2 Minzezweige
100 g Cherrytomaten
Salz
Pfeffer, weiß, frisch gemahlen
2 TL Limettensaft
2 EL Olivenöl
2 EL Balsamico bianco

Saiblingsfilet:
300 g Saiblingsfilet
2 TL Limettensaft
Pfeffer, schwarz, frisch gemahlen
2 EL Olivenöl
10 g Butter
2 Limettenscheiben
2 Minzezweige

Die Avocado und die Mango schälen, halbieren, entkernen und in feine Stücke schneiden.

Die Früchte auf zwei Tellern fächerförmig anrichten.

Petersilie und Minze waschen, trocken schütteln und fein hacken. Cherrytomaten waschen und halbieren.

Petersilie, Minze und Tomaten auf den Tellern verteilen, mit Salz und Pfeffer würzen. Mit dem Limettensaft, 2 EL Olivenöl und Balsamico beträufeln.

Das Fischfilet waschen, trocken tupfen, mit Limettensaft beträufeln und mit Salz und Pfeffer würzen.

Olivenöl und Butter in einer Pfanne erhitzen, den Fisch auf beiden Seiten ca. 3 Minuten knusprig anbraten.

Das Saiblingsfilet auf die Früchte legen, mit einer Limettenscheibe und einem Minzezweig garnieren.

Pro Portion	kcal	kJ	Fett	Eiweiß	KH
Gesamt ca.	547,8	2287,7	41,6	31,0	11,9

Zubereitungszeit: ca. 25 Minuten

Thunfischsteak auf Kirschtomaten

Italien

Die Thunfischsteaks waschen, trocken tupfen, mit Salz und Pfeffer würzen, mit Oregano bestreuen.

2 EL Olivenöl in einer Pfanne erhitzen und die Steaks darin auf jeder Seite 1 Minute anbraten, herausnehmen, in Alufolie wickeln und warm stellen.

Die Tomaten waschen, halbieren, den Knoblauch schälen und fein hacken. Zwei Basilikumzweige abbrausen, trocken schütteln und die Blätter grob hacken.

Die Sardellenfilets abtropfen lassen und in kleine Stücke schneiden. 2 EL Olivenöl in einem Topf erhitzen, Knoblauch, Sardellenfilets, Tomaten und Basilikum ca. 1 Minute anbraten.

Mit dem Zitronensaft ablöschen und bei geringer Hitze weitere 2 Minuten köcheln lassen. Mit Salz und Pfeffer würzen.

Die Thunfischsteaks mit den Kirschtomaten anrichten, mit zwei Tomatenhälften und einem Basilikumzweig garnieren.

Zutaten
2 Portionen

Thunfischsteaks:
300 g Thunfischsteaks
Salz
Pfeffer, schwarz, frisch gemahlen
1 TL Oregano, getrocknet
2 EL Olivenöl

Kirschtomaten:
350 g Kirschtomaten, rot und gelb
2 Knoblauchzehen
4 Basilikumzweige
3 Sardellenfilets in Öl
2 EL Olivenöl
3 EL Zitronensaft
Pfeffer, weiß, frisch gemahlen

Pro Portion	kcal	kJ	Fett	Eiweiß	KH
Gesamt ca.	350,1	1462,2	16,9	41,7	7,0

Zubereitungszeit: ca. 20 Minuten

Italien

Überbackener Schellfisch mit Mozzarella-Tomaten

Zutaten
2 Portionen

Mozzarella-Tomaten:
400 g frischer Blattspinat
1 Zwiebel
2 Knoblauchzehen
2 EL Olivenöl
1 TL Kräutermischung, getrocknet
Salz
Pfeffer, schwarz, frisch gemahlen
300 g Tomaten
125 g Mozzarella
1 Bund Petersilie

Schellfisch:
300 g Schellfisch
2 TL Limettensaft

Den Spinat putzen, waschen und abtropfen lassen.
Zwiebel und Knoblauch schälen und fein hacken.
Olivenöl in einem Topf erhitzen, Zwiebel und Knoblauch darin kurz andünsten.
Den Spinat zugeben und zusammenfallen lassen.
Mit ½ TL Kräutermischung, Salz und Pfeffer würzen und in eine Auflaufform füllen.
Die Tomaten kurz in heißem Wasser blanchieren, häuten, halbieren und in feine Würfel schneiden.
Den Mozzarella abtropfen lassen und in kleine Stücke schneiden.
Petersilie waschen, trocken schütteln und fein hacken.
Tomaten, Mozzarella und Petersilie mischen, mit ½ TL Kräutermischung, Salz und Pfeffer abschmecken.

Den Schellfisch waschen, trocken tupfen, mit Salz und Pfeffer würzen und mit Limettensaft beträufeln.

Den Fisch auf den Spinat setzen, die Tomatenmischung darüber verteilen und im vorgeheizten Backofen bei 180 °C ca. 15 Minuten garen.

Pro Portion	kcal	kJ	Fett	Eiweiß	KH
Gesamt ca.	400,6	1678,3	22,5	42,2	7,6

Zubereitungszeit: ca. 30 Minuten

Garnelen auf Radicchio-Chicorée

Italien

Den Chicorée halbieren, den Strunk entfernen und mit dem gewaschenen Radicchio in feine Streifen schneiden.
Die Orange schälen, die weiße Haut entfernen, mit einem scharfen Messer die Filetstücke herausschneiden, den Saft auffangen.

Für das Dressing Sonnenblumenöl, Crème fraîche, Orangensaft, Zitronensaft, Salz und Pfeffer verrühren.
Chicorée, Radicchio und Orangenfilets mit dem Dressing vermengen und in Schälchen anrichten.

Die Garnelen waschen, schälen, putzen und trocken tupfen.
Knoblauch schälen und in feine Ringe schneiden.
Petersilie waschen, trocken schütten und fein hacken.

Das Olivenöl in einer Pfanne erhitzen, den Knoblauch darin kurz andünsten, die Garnelen zugeben, ca. 3 Minuten anbraten, mit Salz und Pfeffer würzen.

Die Garnelen auf dem Salat verteilen, mit Petersilie bestreuen und mit einer Zitronenscheibe garnieren.

Zutaten
2 Portionen

Radicchio-Chicorée:
1 Chicorée
1 kleiner Radicchio
1 Orange
2 EL Sonnenblumenöl
2 EL Crème fraîche
1 EL Zitronensaft
Salz
Pfeffer, weiß, frisch gemahlen

Garnelen:
200 g Garnelen
2 Knoblauchzehen
2 EL Petersilie
2 EL Olivenöl
Pfeffer, schwarz, frisch gemahlen
2 Zitronenscheiben

Pro Portion	kcal	kJ	Fett	Eiweiß	KH
Gesamt ca.	350,7	1465,7	21,8	25,3	11,7

Zubereitungszeit: ca. 30 Minuten

Spanien

Zutaten
2 Portionen

Safrangemüse:
150 g Blumenkohl
150 g Brokkoli
150 g Karotten
150 g Fenchel
½ TL Korianderkörner
½ TL Fenchelsamen
2 Knoblauchzehen
1 Zwiebel
1 Orange
2 EL Olivenöl
2 EL Rosinen
1 Prise Steviapulver
1 Döschen Safranpulver (0,1 g)
Salz
Pfeffer, schwarz, frisch gemahlen

Kabeljaufilet:
300 g Kabeljaufilet
1 Ei
3 EL Mandeln, gemahlen
2 EL Olivenöl

Kabeljaufilet auf Safrangemüse

Blumenkohl und Brokkoli waschen, putzen und in kleine Röschen teilen. Karotten schälen, längs vierteln und in Stifte schneiden.
Den Fenchel waschen, putzen und in feine Streifen schneiden.
Das Gemüse in kochendem Salzwasser nacheinander bissfest garen.
Koriander und Fenchelsamen in Mörser leicht zerstoßen.
Knoblauch und Zwiebel schälen und in feine Ringe schneiden.
Die Orange auspressen.
2 EL Olivenöl in einem Topf erhitzen, Zwiebel und Knoblauch darin kurz anbraten. Den Orangensaft angießen, Rosinen, Fenchelsamen, Koriander, Stevia und Safran dazugeben, mit Salz und Pfeffer würzen und bei geringer Hitze 3 Minuten köcheln lassen Das gegarte Gemüse dazugeben, kurz aufkochen, vom Herd nehmen und ca. 10 Minuten durchziehen lassen.
Den Kabeljau waschen, trocken tupfen, mit Salz und Pfeffer würzen.
Das Ei in einem tiefen Teller verquirlen, die Mandeln auf einem flachen Teller ausbreiten. Den Fisch im Ei wenden, anschließend in den Mandeln.
2 EL Olivenöl in einer beschichteten Pfanne erhitzen, den Kabeljau auf jeder Seite ca. 3 Minuten goldgelb braten.

Alles zusammen anrichten.

Pro Portion	kcal	kJ	Fett	Eiweiß	KH
Gesamt ca.	416,9	1743,1	19,5	39,3	18,6

Zubereitungszeit: ca. 40 Minuten

Forellen in Tomatensoße

Spanien

Die Forellen waschen, trocken tupfen, mit Salz und Pfeffer würzen, mit Zitronensaft beträufeln.

Die Zwiebel schälen und fein hacken, Karotten putzen, schälen und auf einem Hobel grob reiben.

Den Stangensellerie waschen und in feine Würfel schneiden. Petersilie und Basilikum waschen, trocken schütteln und fein hacken.

Das Olivenöl in einem Bräter erhitzen, Zwiebel, Karotten, Stangensellerie, Petersilie und Basilikum ca. 5 Minuten dünsten.

Den Weißwein angießen, Tomaten, Kapern und das Lorbeerblatt zugeben, mit Salz und Pfeffer würzen.

Die Forellen auf das Gemüse legen, mit dem Bräterdeckel schließen und im vorgeheizten Backofen bei 200 °C ca. 30 Minuten garen.

Zutaten
2 Portionen

Forellen:
2 Forellen
Salz
Pfeffer, schwarz, frisch gemahlen
2 TL Zitronensaft

Tomatensoße:
1 Zwiebel
200 g Karotten
2 Stangensellerie
1 Bund Petersilie
1 Bund Basilikum
2 EL Olivenöl
100 ml Weißwein
250 g Tomaten (gehackt, aus der Dose)
2 EL Kapern
1 Lorbeerblatt

Pro Portion	kcal	kJ	Fett	Eiweiß	KH
Gesamt ca.	416,0	1743,3	16,2	43,3	13,2

Zubereitungszeit: ca. 45 Minuten

Spanien

Fischtopf mit Paprikagemüse

Zutaten
2 Portionen

150 g Garnelen
150 g Kabeljaufilet
100 g Sepia
100 g Stangensellerie
100 g Lauch
100 g Karotten
1 Zwiebel
2 Knoblauchzehen
100 g Paprika, rot
100 g Paprika, gelb
½ TL Korianderkörner
2 EL Olivenöl
200 ml Fischfond
100 ml Weißwein
Salz
Pfeffer, schwarz, frisch gemahlen
1 EL Zitronensaft

Die Garnelen schälen, putzen, waschen und trocken tupfen. Kabeljaufilet und Sepia waschen, trocken tupfen und in mundgerechte Stücke schneiden.

Den Stangensellerie waschen, in schmale Scheiben schneiden. Den Lauch längs aufschneiden, gründlich waschen und in dünne Streifen schneiden.
Karotten schälen, in feine Ringe schneiden. Zwiebel und Knoblauch schälen und fein hacken.

Paprika waschen, halbieren, entkernen und in Streifen schneiden. Koriander in einem Mörser leicht zerstoßen.

Olivenöl in einem Topf erhitzen, Zwiebel, Knoblauch und das Gemüse andünsten.
Fischfond und Weißwein angießen, mit Salz, Pfeffer und Zitronensaft würzen, bei geringer Hitze ca. 10 Minuten garen.

Den Fisch mit den Garnelen unter das Gemüse geben und bei schwacher Hitze ca. 5 Minuten ziehen lassen.

Pro Portion	kcal	kJ	Fett	Eiweiß	KH
Gesamt ca.	413,0	1728,6	13,5	46,1	14,5

Zubereitungszeit: ca. 40 Minuten

Barsch auf Ingwer-Fenchel

Spanien

Paprika waschen, halbieren, entkernen, in Streifen schneiden. Fenchel putzen, waschen, in feine Ringe schneiden.

Tomaten waschen, halbieren, Ingwer schälen, in dünne Stifte schneiden, Zwiebel schälen und in Streifen schneiden.
Die Orange mit der weißen Haut schälen, die Filetstücke herausschneiden, den Saft auffangen. Chilischote klein hacken.

Das ganze Gemüse mit den Orangenfilets in einen Bräter füllen, den Fischfond angießen, mit Salz, Pfeffer, Limetten und Orangensaft würzen.

Die Barsche putzen, waschen, trocken tupfen, mit Salz und Pfeffer würzen, mit Limettensaft beträufeln. Die Fische auf das Gemüse legen. Butter in einem Topf zergehen lassen und die Barsche damit bestreichen, den Rest über das Gemüse gießen.

Den Bräter schließen und ca. 30 Minuten im vorgeheizten Backofen bei 200 °C garen.

Nach 20 Minuten das Gericht ohne Deckel zu Ende garen.

Pro Portion	kcal	kJ	Fett	Eiweiß	KH
Gesamt ca.	394,7	1647,3	10,7	60,5	13,4

Zubereitungszeit: ca. 45 Minuten

Zutaten
2 Portionen

Ingwer-Fenchel:
100 g Paprika, rot
100 g Paprika, gelb
100 g Fenchel
100 g Kirschtomaten
20 g Ingwer, frisch
1 rote Zwiebel
1 Orange
1 kleine Chilischote, rot
200 ml Fischfond
Salz
Pfeffer, schwarz, frisch gemahlen
1 EL Limettensaft

Barsch:
2 Barsche
2 TL Limettensaft
20 g Butter

Griechenland

Schellfischfilet in Weinblättern

Zutaten
2 Portionen

300 g Schellfischfilet
Salz
Pfeffer, schwarz, frisch gemahlen
2 TL Zitronensaft
18 Weinblätter
200 g Paprika, rot
200 g Paprika, grün
200 g Tomaten
50 g Oliven, schwarz
20 g Kapern
1 Zwiebel
2 Knoblauchzehen
2 EL Olivenöl

Den Schellfisch waschen, trocken tupfen, mit Salz und Pfeffer würzen, mit Zitronensaft beträufeln und jeden Fisch in drei Teile schneiden.

Die Weinblätter abspülen und trocknen.
Jeweils drei Weinblätter überlappend auslegen, die Fischfilets darauf verteilen, in die Blätter einpacken und mit Küchengarn festschnüren.

Paprika waschen, halbieren und in kleine Würfel schneiden.
Tomaten kurz in heißem Wasser blanchieren, häuten und in kleine Stücke schneiden.

Die Oliven und Kapern halbieren.
Zwiebel und Knoblauch schälen und fein hacken.

Olivenöl in einer Pfanne erhitzen, alle Zutaten ca. 3 Minuten dünsten, mit Salz und Pfeffer würzen.
In eine Auflaufform geben, die gefüllten Weinblätter daraufsetzen, mit Alufolie abdecken und im vorgeheizten Backofen bei 200 °C ca. 35 Minuten garen.

Pro Portion	kcal	kJ	Fett	Eiweiß	KH
Gesamt ca.	363,2	1522,0	20,7	28,6	14,4

Zubereitungszeit: ca. 60 Minuten

Zanderfilet auf Weißweinkohl

Griechenland

Den Weißkohl putzen, vierteln, den Strunk herausschneiden und die Blätter in feine Streifen schneiden.
Den Apfel schälen, halbieren, entkernen und in kleine Stücke schneiden. Zwiebel und Knoblauch schälen und fein hacken.

Olivenöl in einem Topf erhitzen, Zwiebel und Knoblauch kurz andünsten.

Den Weißkohl, Apfelstücke, Lorbeerblatt, Wacholderbeeren und Kümmel dazugeben und ca. 3 Minuten dünsten.
Weißwein und 100 ml Wasser angießen, mit Salz und Pfeffer würzen und weitere 15 Minuten bei geringer Hitze garen.

Den Zander waschen, trocken tupfen, mit Salz und Pfeffer würzen, mit Mehl bestäuben.
Olivenöl mit der Butter in einer Pfanne erhitzen und den Fisch auf jeder Seite ca. 3 Minuten golgelb anbraten.

Das Zanderfilet mit dem Weißkohl anrichten und mit einer Limettenscheibe und einem Petersilienzweig garnieren.

Pro Portion	kcal	kJ	Fett	Eiweiß	KH
Gesamt ca.	364,2	1519,8	15,9	32,1	13,3

Zubereitungszeit: ca. 45 Minuten

Zutaten
2 Portionen

Weißweinkohl:
400 g Weißkohl
1 Apfel
1 Zwiebel
1 Knoblauchzehe
2 EL Olivenöl
1 Lorbeerblatt
5 Wacholderbeeren
½ TL Kümmel, ganz
200 ml Weißwein
Salz
Pfeffer, weiß, frisch gemahlen

Zanderfilet:
300 g Zanderfilet
Pfeffer, schwarz, frisch gemahlen
2 g Mehl
2 EL Olivenöl
10 g Butter
2 Limettenscheiben
2 Petersilienzweige

Griechenland

Knoblauch-Calamari mit Kirschtomaten

Zutaten
2 Portionen

Eichblattsalat:
1 Eichblattsalat
2 EL Olivenöl
2 EL Weißweinessig
Salz
Pfeffer, schwarz, frisch gemahlen

Calamari:
300 g Calamarituben, frisch
3 Knoblauchzehen
200 g Kirschtomaten
1 Bund Basilikum
50 g Oliven, schwarz, entsteint
3 EL Olivenöl
10 g Butter
1 EL Zitronensaft

Den Eichblattsalat putzen, waschen und trocken schleudern.

Den Salat auf zwei Tellern anrichten und mit einem Dressing aus Olivenöl, Weißweinessig, Salz und Pfeffer beträufeln.

Die Calamarituben waschen, trocken tupfen und in Streifen schneiden.
Knoblauch schälen, in feine Ringe schneiden, Tomaten waschen und halbieren.

Basilikumblätter waschen, trocken schütteln, grob hacken.
Die Oliven halbieren.

Das Olivenöl mit der Butter in einer Pfanne erhitzen, den Knoblauch kurz andünsten, den Fisch zugeben und bei starker Hitze ca. 3 Minuten kräftig anbraten. Tomaten, Basilikum und Oliven zufügen, weitere 2 Minuten dünsten, mit Salz, Pfeffer und Zitronensaft würzen.

Die Calamari auf dem Salat verteilen und mit einem Basilikumblatt garnieren.

Pro Portion	kcal	kJ	Fett	Eiweiß	KH
Gesamt ca.	338,7	1413,0	24,0	25,9	4,4

Zubereitungszeit: ca. 30 Minuten

Wolfsbarsch mit Feta-Zaziki

Griechenland

Die Salatgurke schälen, fein würfeln, Lauchzwiebeln putzen und in dünne Ringe schneiden. Knoblauch schälen und hacken.

Tomaten in heißem Wasser kurz blanchieren, die Haut abziehen, das Fruchtfleisch klein schneiden.

Den Dill waschen, trocken schütteln und die Spitzen fein hacken.
Die Karotte schälen und fein raspeln.
Den Käse mit einer Gabel zerdrücken.

Alle Zutaten mit dem Joghurt mischen, mit Salz, Pfeffer und Zitronensaft würzen. In zwei Porzellanschälchen füllen.

Die Wolfsbarsche putzen, waschen, trocken tupfen, mit Salz und Pfeffer würzen.

Das Olivenöl mit der Butter in einer großen Pfanne erhitzen, den Fisch auf jeder Seite ca. 5 Minuten golgelb anbraten.

Mit dem Zaziki servieren.

Zutaten
2 Portionen

Feta-Zaziki:
½ Salatgurke
2 Lauchzwiebeln
2 Knoblauchzehen
2 Tomaten
2 Dillstängel
1 Karotte
50 g Fetakäse
50 g Joghurt
Salz
Pfeffer, schwarz, frisch gemahlen
1 EL Zitronensaft

Wolfsbarsch:
2 Wolfsbarsche
2 EL Olivenöl
20 g Butter

Pro Portion	kcal	kJ	Fett	Eiweiß	KH
Gesamt ca.	410,7	1717,0	13,6	62,3	8,7

Zubereitungszeit: ca. 35 Minuten

Zypern

Schollenfilet im Gemüsebeet

Zutaten
2 Portionen

300 g Schollenfilet
Salz
Pfeffer, schwarz, frisch gemahlen
2 TL Zitronensaft
200 g Zucchini
1 Rosmarinzweig
½ Chilischote
2 Knoblauchzehen
1 rote Zwiebel
50 g Fetakäse
200 g Kirschtomaten
3 EL Olivenöl

Den Fisch waschen, trocken tupfen, mit Salz, Pfeffer und Zitronensaft würzen.

Die Zucchini waschen, halbieren und in feine Scheiben schneiden. Rosmarin und Chilischote klein hacken.

Knoblauch und Zwiebel schälen, in dünne Scheiben schneiden, den Fetakäse würfeln.

Tomaten waschen und halbieren.
Alle Zutaten mischen, mit Salz und Pfeffer würzen.

Das Gemüse zur Hälfte in eine Auflaufform füllen, den Fisch darauflegen, das restliche Gemüse darüber verteilen und mit dem Olivenöl beträufeln.

Mit Alufolie abdecken und im vorgeheizten Backofen bei 200 °C ca. 30 Minuten garen.

Pro Portion	kcal	kJ	Fett	Eiweiß	KH
Gesamt ca.	337,2	1413,0	18,2	33,4	9,5

Zubereitungszeit: ca. 45 Minuten

Thunfischfilet auf Rosinen-Mangold

Türkei

Den Mangold waschen, in grobe Stücke schneiden und in heißem Salzwasser ca. 3 Minuten blanchieren.

In ein Sieb abschütten, kalt abschrecken und gut abtropfen lassen.

Den Knoblauch schälen und durch eine Presse drücken.
2 EL Olivenöl in einem Topf erhitzen, Knoblauch, Mandeln und Rosinen kurz darin andünsten.

Den Safran in wenig Wasser verrühren, mit dem Mangold unter die Mandeln mischen, kurz erhitzen, mit Salz und Pfeffer abschmecken und warm halten.

Den Thunfisch waschen, trocken tupfen, mit Salz und Pfeffer würzen.
2 EL Olivenöl in einer Pfanne erhitzen, den Fisch auf jeder Seite ca. 3 Minuten goldgelb anbraten.

Das Mangoldgemüse auf zwei Tellern anrichten, den Thunfisch darauflegen, mit einer Zitronenscheibe und einem Petersilienzweig garnieren.

Zutaten
2 Portionen

Rosinen-Mangold:
400 g Mangold
2 Knoblauchzehen
2 EL Olivenöl
50 g geriebene Mandeln
30 g Rosinen
1 Döschen Safran (0,1 g)
Salz
Pfeffer, schwarz, frisch gemahlen

Thunfischfilet:
300 g Thunfischfilet
2 EL Olivenöl
2 Zitronenscheiben
2 Petersilienzweige

Pro Portion	kcal	kJ	Fett	Eiweiß	KH
Gesamt ca.	478,7	2002,9	22,7	46,6	19,2

Zubereitungszeit: ca. 30 Minuten

Gemüse

Frankreich

Gemüsepfanne mit Cantalkäse

Zutaten
2 Portionen

1 Paprika, rot
1 Paprika, gelb
1 Paprika, grün
1 Zwiebel
2 Knoblauchzehen
100 g Aubergine
100 g Zucchini
1 Bund Peterslilie
3 EL Olivenöl
2 Thymianzweige
Kräuter der Provence, getrocknet
Salz
Pfeffer, schwarz, frisch gemahlen
250 g gehackte Tomaten (Konserve)
60 g Cantalkäse (oder deutscher Bergkäse)
2 Petersilienzweige

Paprika waschen, halbieren, entkernen und in dicke Streifen schneiden.

Zwiebel und Knoblauch schälen und klein würfeln.
Aubergine und Zucchini waschen, halbieren und in Scheiben schneiden. Petersilie waschen, trocken schütteln und fein hacken.

Olivenöl in einem Topf erhitzen, Zwiebeln und Knoblauch andünsten. Gemüse, Petersilie, Thymian und Kräuter der Provence hinzufügen, mit Salz und Pfeffer würzen.

Die gehackten Tomaten untermengen und bei mittlerer Hitze ca. 15 Minuten garen.

Den französischen Cantalkäse auf einer Küchenreibe in grobe Streifen reiben.

Das Gemüse auf zwei Tellern anrichten, den Käse darüber verteilen und mit einem Petersilienzweig garnieren

Pro Portion	kcal	kJ	Fett	Eiweiß	KH
Gesamt ca.	291,0	1219,5	20,6	15,8	10,2

Zubereitungszeit: ca. 25 Minuten

Spargelgratin mit Champignons

Frankreich

Zutaten
2 Portionen

500 g Spargel
1 Prise Steviapulver
200 g Champignons, braun
50 g französischer Bergkäse
100 g gekochter Schinken
1 Bund Petersilie
2 EL Olivenöl
10 g Butter
Salz
Pfeffer, schwarz, frisch gemahlen

Den Spargel schälen, die holzigen Enden abschneiden und in kochendem Salzwasser mit einer Prise Steviapulver ca. 8 Minuten garen. Herausnehmen und abtropfen lassen.

Die Champignons putzen und in Scheiben schneiden.
Den Käse reiben, den Schinken in grobe Würfel schneiden.

Petersilie waschen, trocken schütteln und fein hacken.

Das Olivenöl und die Butter in einer Pfanne erhitzen, die Champignons darin anbraten. Den Schinken dazugeben, mit Salz und Pfeffer würzen

Den Spargel in eine längliche Auflaufform füllen, die Pilzmischung darüber verteilen und mit dem Käse bestreuen.

Im vorgeheizten Backofen bei 200 °C ca. 20 Minuten knusprig gratinieren.

Mit der Petersilie bestreuen und servieren.

Pro Portion	kcal	kJ	Fett	Eiweiß	KH
Gesamt ca.	342,2	1433,2	24,3	25,7	5,2

Zubereitungszeit: ca. 35 Minuten

Frankreich

Ofentomaten mit Kräutermischung

Zutaten
2 Portionen

2 Fleischtomaten
5 EL Olivenöl
Salz
Pfeffer, schwarz, frisch gemahlen
1 Bund Thymian
1 Bund Basilikum
1 Zweig Rosmarin
3 Knoblauchzehen
50 g Parmesan
1 EL Paniermehl

Die Tomaten waschen und halbieren.

Eine Auflaufform mit 1 EL Olivenöl einpinseln, die Tomaten mit der Schnittfläche nach oben daraufsetzen, mit Salz und Pfeffer würzen.

Im vorgeheizten Backofen bei 200 °C ca. 10 Minuten garen.

Die Kräuter abzupfen und klein schneiden.

Knoblauch schälen und durch eine Presse drücken, den Parmesan fein reiben. Kräuter, Knoblauch, Parmesan, Olivenöl und Paniermehl mischen.

Die Kräutermischung auf die vorgegarten Tomaten verteilen und weitere 10 Minuten gratinieren.

Pro Portion	kcal	kJ	Fett	Eiweiß	KH
Gesamt ca.	363,8	1517,8	32,4	10,2	8,2

Zubereitungszeit: ca. 25 Minuten

Zucchini-Karotten-Flan mit Camembert

Frankreich

Zutaten
2 Portionen

100 g Zucchini
100 g Karotten
3 Eier
150 g Camembert
Salz
Pfeffer, weiß, frisch gemahlen
10 g Butter

Zucchini und Karotten waschen, fein raspeln und den Saft ausdrücken.

Die Eier trennen und das Eiweiß steif schlagen.

Den Camembert in kleine Stücke schneiden.

Zucchini, Karotten, Camembert und Eigelb mischen, mit Salz und Pfeffer würzen. Das Eiweiß locker unterheben.

Vier Auflaufförmchen mit der Butter einfetten, die Gemüsemischung einfüllen und im vorgeheizten Backofen bei 200 °C ca. 20 Minuten backen.

Den Flan in den Schälchen oder auf Teller gestürzt servieren.

Pro Portion	kcal	kJ	Fett	Eiweiß	KH
Gesamt ca.	389,3	1627,5	28,4	25,8	3,9

Zubereitungszeit: ca. 30 Minuten

Italien

Frittata mit Paprika

Zutaten
2 Portionen

100 g Paprika, rot
100 g Paprika, grün
100 g Paprika, gelb
1 Schalotte
1 Bund Petersilie
4 Eier
2 EL Sahne
Salz
Pfeffer, schwarz, frisch gemahlen
2 EL Olivenöl

Paprika waschen, putzen, entkernen und in kleine Stücke schneiden. Die Schalotte schälen, halbieren und fein hacken.

Petersilie waschen, trocken schütteln und fein hacken.

Die Eier in einer Schüssel aufschlagen, Sahne und Petersilie zufügen, mit Salz und Pfeffer würzen.

In einer beschichteten Pfanne Olivenöl erhitzen, Paprika und Schalotte ca. 5 Minuten bei mittlerer Hitze dünsten.
Mit Salz und Pfeffer abschmecken.

Die Eiermischung gleichmäßig über das Gemüse gießen, mit einem Glasdeckel oder flachen Teller abdecken und ca. 10 Minuten bei geringer Hitze stocken lassen.

Auf einen Teller stürzen und mit einem Petersilienzweig garnieren.

Pro Portion	kcal	kJ	Fett	Eiweiß	KH
Gesamt ca.	281,8	1182,9	19,8	15,1	10,9

Zubereitungszeit: ca. 20 Minuten

Fenchel mit Orange und Chili

Italien

Den Fenchel putzen, waschen, achteln und den Strunk rausschneiden. Etwas Fenchelgrün abzupfen und fein hacken.

Die Orangen waschen, trocken tupfen, die Schale abreiben, danach schälen, die weiße Haut entfernen und die Filetstückchen ausschneiden. Den Saft auffangen.

Die Fenchelhälften in kochendem Salzwasser ca. 5 Minuten bissfest garen, mit einer Schaumkelle herausnehmen und abtropfen lassen.

Chilischote längs halbieren, entkernen und fein hacken.

Für das Dressing Olivenöl, Balsamico, Orangensaft, Orangenschale, Chili, Fenchelgrün, Salz und Pfeffer verrühren.

Die Fenchelstücke und die Orangenfilets auf Tellern anrichten und mit dem Dressing beträufeln.

Zutaten
2 Portionen

2 Fenchelknollen
2 Orangen, unbehandelt
½ Chilischote, rot
2 EL Olivenöl
3 EL Balsamico bianco
Salz
Pfeffer, weiß, frisch gemahlen

Pro Portion	kcal	kJ	Fett	Eiweiß	KH
Gesamt ca.	200,2	837,1	12,6	5,7	14,7

Zubereitungszeit: ca. 20 Minuten

Spanien

Auberginen mit Thymianfrischkäse

Zutaten
2 Portionen

2 Auberginen
Salz
250 g Frischkäse
2 EL Limettensaft
Salz
Pfeffer, schwarz, frisch gemahlen
4 Thymianzweige
4 EL Olivenöl
100 g Cherrytomaten

Die Auberginen waschen, trocknen, den Stielansatz abschneiden und mit einem scharfen Messer in jeweils acht dünne Scheiben schneiden. Die Scheiben auf Küchenkrepp auslegen, mit Salz bestreuen und ca. 15 Minuten ziehen lassen.

Frischkäse und Limettensaft cremig rühren, mit Salz und Pfeffer würzen. Blätter von den Thymianzweigen abstreifen und unter den Käse mischen.

Die Auberginenscheiben mit Küchenkrepp trocken tupfen.

Das Olivenöl in einer beschichteten Pfanne erhitzen und das Gemüse portionsweise auf beiden Seiten goldgelb anbraten. Auf ein Küchenkrepp legen und abkühlen lassen.

Die Auberginenscheiben mit Käse bestreichen, zusammenrollen und mit einem kleinen Holzspieß zusammenstecken.

Cherrytomaten waschen, halbieren und mit den Auberginenröllchen auf einer Platte anrichten.

Pro Portion	kcal	kJ	Fett	Eiweiß	KH
Gesamt ca.	309,5	1295,3	20,8	16,5	12,9

Zubereitungszeit: ca. 30 Minuten

Grünkohl mit Paprika und Chorizo

Spanien

Die Grünkohlblätter einzeln abtrennen, waschen, die dicken Stiele ausschneiden. In einem großen Topf Wasser erhitzen, die Blätter portionsweise 2–3 Minuten blanchieren, mit eine Schaumkelle herausnehmen, abtropfen lassen und grob hacken.

Zwiebeln und Knoblauch schälen, Chilischote entkernen und alles klein schneiden. Die Chorizo in dünne Scheiben schneiden.
Das Olivenöl in einem großen Topf erhitzen, Zwiebeln, Knoblauch, Chilischoten und Chorizo andünsten.
Den Grünkohl unterheben, kurz mitdünsten, die Gemüsebrühe aufgießen, mit Paprikapulver, Salz und Pfeffer würzen.
Bei mittlerer Hitze ca. 20 Minuten garen.

Paprika halbieren, entkernen, mit der Oberseite nach oben auf ein Backblech legen und im vorgeheizten Backofen bei 200 °C ca. 10 Minuten garen. Herausnehmen, mit einem feuchten Tuch abdecken, häuten und in Streifen schneiden.

Paprikaschoten unter den Grünkohl mischen und servieren.

Zutaten
2 Portionen

250 g Grünkohl
2 Zwiebeln
2 Knoblauchzehen
1 Chilischote, rot
100 g Chorizo
3 EL Olivenöl
200 ml Gemüsebrühe
1 EL Paprikapulver, edelsüß
Salz
Pfeffer, schwarz, frisch gemahlen
2 Paprika, rot

Pro Portion	kcal	kJ	Fett	Eiweiß	KH
Gesamt ca.	376,0	1567,1	29,5	14,6	10,6

Zubereitungszeit: ca. 30 Minuten

Griechenland

Grüne Bohnen in Olivenöl-Tomaten

Zutaten
2 Portionen

250 g Stangenbohnen
2 Schalotten
1 Bund Petersilie
3 Tomaten
3 EL Olivenöl
200 ml Gemüsebrühe
Salz
Pfeffer, schwarz, frisch gemahlen

Die Bohnen waschen, abtropfen lassen und die Enden abschneiden.

Die Schalotten schälen, halbieren und in kleine Würfel schneiden.

Petersilie waschen, trocken schütteln und fein hacken.

Die Tomaten in heißem Wasser kurz blanchieren, häuten und in große Würfel schneiden.

Das Olivenöl in einem großen Topf erhitzen.

Die Schalotten darin unter Rühren goldgelb anbraten, die Bohnen und Tomaten zufügen und kurz mitdünsten.

Mit der Gemüsebrühe ablöschen, mit Salz und Pfeffer würzen und zugedeckt ca. 10 Minuten bei geringer Hitze garen.

Die Bohnen anrichten und mit der Petersilie bestreuen.

Pro Portion	kcal	kJ	Fett	Eiweiß	KH
Gesamt ca.	192,1	803,1	15,6	4,7	7,9

Zubereitungszeit: ca. 15 Minuten

Kohlrabi mit einer Käsehaube

Griechenland

Die Kohlrabi schälen, halbieren und in 3 mm dünne Scheiben schneiden.

In kochendem Salzwasser ca. 5 Minuten bissfest garen, das Wasser abschütten, die Kohlrabi beiseitestellen.

Eine Auflaufform mit Butter ausstreichen und die Kohlrabi hineinschichten.

Die Sahne steif schlagen, den Käse grob reiben.

Den geriebenen Käse unter die Sahne rühren, mit Salz und Muskat würzen und über die Kohlrabi verteilen.

Den Auflauf ca. 15 Minuten im vorgeheizten Backofen bei 200 °C goldgelb backen.

Zutaten
2 Portionen

300 g Kohlrabi
Salz
1 TL Butter
125 g Sahne
60 g Bergkäse
Muskat, frisch gerieben

Pro Portion	kcal	kJ	Fett	Eiweiß	KH
Gesamt ca.	355,9	1492,2	29,9	13,2	7,2

Zubereitungszeit: ca. 15 Minuten

Salat

Oel

Spanien

Zutaten
2 Portionen

2 Orangen
1 Fenchelknolle
12 Radicchioblätter
1 kleine Zwiebel
4 Rosmarinzweige
3 EL Olivenöl
3 EL Weißweinessig
Salz
Pfeffer, schwarz, frisch gemahlen
10 schwarze Oliven

Radicchiosalat

Die Orangen schälen, weiße Haut entfernen, die Filetstücke herausschneiden (sechs Filets für die Garnitur zur Seite legen), den Rest in Scheiben schneiden. Den Saft auffangen.

Den Fenchel waschen, putzen, der Länge nach vierteln und mit einem Gurkenhobel in feine Scheiben schneiden.

Die Radicchioblätter waschen und trocken schütteln. Vier Blätter der Länge nach halbieren, die restlichen in ca. 2 cm große Streifen schneiden.

Die Zwiebel schälen und fein würfeln.
Zwei Rosmarinzweige abzupfen und fein hacken.

Für das Dressing den aufgefangenen Orangensaft, Olivenöl, Weißweinessig, Zwiebel, Rosmarin, Salz und Pfeffer verrühren.
Radicchio, Fenchel, Orangen in einer Schüssel mit dem Dressing vermischen.

Auf jeden Teller vier halbierte Radicchioblätter auslegen, den Salat darauf anrichten, mit den Orangenfilets, den Oliven und einem Rosmarinzweig garnieren.

Pro Portion	kcal	kJ	Fett	Eiweiß	KH
Gesamt ca.	261,6	1091,3	21,9	4,0	11,3

Zubereitungszeit: ca. 15 Minuten

Melonen-Garnelen-Salat

Spanien

Die Melone halbieren, entkernen und mit einem Melonenlöffel kleine Bällchen ausstechen, oder in große Stücke schneiden.

Tomaten kurz in heißem Wasser blanchieren, schälen, Kerne entfernen und das Fruchtfleisch in feine Würfel schneiden.

Gurke schälen, halbieren und in 1 cm große Stücke schneiden. Die Orange schälen und filetieren. Minze fein hacken, einen Zweig zur Garnitur zur Seite legen.

Für das Dressing Minze, Limettensaft, Olivenöl, Sahne, Steviapulver, Chilipulver, Salz und Pfeffer verrühren.

Gemüse, Früchte und Garnelen mit dem Dressing mischen, mit einer Folie abdecken und ca. 15 Minuten kalt stellen.

Den Melonen-Garnelen-Salat in zwei Glasschalen anrichten und mit einem Minzezweig garnieren.

Zutaten
2 Portionen

½ Honigmelone
150 g Tomaten
150 g Salatgurke
1 Orange
2 Minzezweige
2 EL Limettensaft
2 EL Olivenöl
2 EL Sahne
1 Prise Steviapulver
Chilipulver
Salz
Pfeffer, weiß, frisch gemahlen
120 g Garnelen, küchenfertig

Pro Portion	kcal	kJ	Fett	Eiweiß	KH
Gesamt ca.	273,4	1143,1	15,6	15,3	19,7

Zubereitungszeit: ca. 15 Minuten

Spanien

Bohnen-Avocado-Salat

Zutaten
2 Portionen

250 g grüne Bohnen
1 kleine Zwiebel
150 g Tomaten
1 Avocado
2 EL Zitronensaft
3 EL Olivenöl
2 EL Apfelbalsamico
1 Bund Petersilie
Salz
Pfeffer, weiß, frisch gemahlen
2 Zitronenscheiben

Die Bohnen putzen, halbieren, waschen und in kochendem Salzwasser ca. 6 Minuten bissfest garen. Kalt abschrecken und in einem Sieb abtropfen lassen.

Zwiebel schälen und in kleine Würfel schneiden.

Die Tomaten in heißem Wasser kurz blanchieren, enthäuten, halbieren, Kerne entfernen und das Fruchtfleisch würfeln.

Die Avocado schälen, halbieren, den Kern herauslösen und in kleine Stücke schneiden.

Avocado, Tomaten und Zwiebel in eine Schüssel geben und mit Zitronensaft beträufeln.

Die abgekühlten Bohnen dazugeben und mit einem Dressing aus Olivenöl, Apfelbalsamico, gehackter Petersilie, Salz und Pfeffer vermengen.

Den Salat ca. 15 Minuten durchziehen lassen, anrichten und mit einer Zitronenscheibe und einem Petersilienzweig garnieren.

Pro Portion	kcal	kJ	Fett	Eiweiß	KH
Gesamt ca.	244,7	1024,2	21,8	4,7	7,0

Zubereitungszeit: ca. 25 Minuten

Zuckerschotensalat

Spanien

Die Schalotte schälen und in kleine Würfel schneiden.

Zuckerschoten waschen, abtropfen lassen und die Enden abknipsen.

Die Karotten schälen, putzen und mit einem Gemüsehobel in länglich feine Streifen schneiden.

Das Olivenöl in einer Pfanne erhitzen und die Schalotten goldgelb andünsten.

Karotten und Zuckerschoten zugeben, den Apfelsaft angießen und zugedeckt ca. 5 Minuten köcheln lassen.

Den Ingwer schälen, fein reiben und zusammen mit den Rosinen zum Gemüse geben. Mit Salz, Pfeffer, Kreuzkümmel, Zimt und Steviapulver würzen.

Die Sonnenblumenkerne in einer beschichteten Pfanne anrösten, herausnehmen und abkühlen lassen.

Den lauwarmen Zuckerschotensalat in Schälchen anrichten, mit den Sonnenblumenkernen bestreuen und mit einer Limettenscheibe garnieren.

Pro Portion	kcal	kJ	Fett	Eiweiß	KH
Gesamt ca.	220,6	924,3	13,2	5,5	14,5

Zubereitungszeit: ca. 15 Minuten

Zutaten
2 Portionen

1 Schalotte
200 g Zuckerschoten
150 g Karotten
2 EL Olivenöl
80 ml Apfelsaft, ohne Zucker
1 TL Ingwer
1 EL Rosinen
Salz
Pfeffer, schwarz, frisch gemahlen
¼ TL Kreuzkümmel
¼ TL Zimt
1 Prise Steviapulver
1 EL Sonnenblumenkerne
2 Limettenscheiben

Italien

Zutaten
2 Portionen

100 g Staudensellerie
200 g braune Champignons
1 Bund Basilikum
30 g Parmesan, gehobelt
3 EL Olivenöl
2 EL Limettensaft
2 EL Balsamico bianco
Salz
Pfeffer, weiß, frisch gemahlen
2 Limettenscheiben

Champignonsalat

Den Staudensellerie waschen, putzen und in sehr feine Streifen schneiden.

Die Champignons putzen und in hauchdünne Scheiben schneiden.

Basilikumblätter abzupfen und grob hacken (zwei Zweige für die Garnitur zur Seite legen).

Die Champignons und den Staudensellerie auf Tellern anrichten.

Gehobelten Parmesan und Basilikumblätter darüberstreuen.

Für das Dressing Olivenöl, Limettensaft, Balsamico, Salz und Pfeffer verrühren und über die angerichteten Teller träufeln.

Mit einer Limettenscheibe und einem Basilikumzweig garnieren.

Pro Portion	kcal	kJ	Fett	Eiweiß	KH
Gesamt ca.	182,4	757,5	14,6	8,2	3,3

Zubereitungszeit: ca. 15 Minuten

Rucolasalat mit Feigen

Italien

Den Rucolasalat kurz unter fließendem Wasser abspülen, trocken schleudern, zu Bündeln zusammenfassen und die langen Stiele abdrehen.

Den Salat auf zwei Tellern anrichten.

Den Mozzarella halbieren und in dünne Scheiben schneiden.

Die Mozzarellascheiben und den Parmaschinken auf dem Rucolasalat anrichten.

Die Feigen mit einem feuchten Tuch vorsichtig abreiben, achteln und auf dem Salat verteilen.

Aus Olivenöl, Limettensaft, Balsamico, Salz und Pfeffer ein Dressing rühren, über den Salat träufeln und mit einer Limettenscheibe garnieren.

Zutaten
2 Portionen

100 g Rucola
200 g Mozzarella
100 g Parmaschinken
2 Feigen
3 EL Olivenöl
1 EL Limettensaft
2 EL Balsamico bianco
Salz
Pfeffer, schwarz, frisch gemahlen
2 Limettenscheiben

Pro Portion	kcal	kJ	Fett	Eiweiß	KH
Gesamt ca.	480,0	2017,2	37,2	32,6	10,3

Zubereitungszeit: ca. 10 Minuten

Italien

Spargelsalat

Zutaten
2 Portionen

500 g weißer Spargel
Steviapulver
50 g Rucola
2 Eier
100 g Kochschinken
30 g getrocknete Tomaten, in Öl eingelegt
1 Bund Basilikum
3 EL Olivenöl
3 EL Balsamico bianco
Salz
Pfeffer, weiß, frisch gemahlen
30 g Parmesan, frisch

Den Spargel schälen, die holzigen Enden abschneiden und in kochendem Salzwasser mit einer Prise Stevia ca. 8 Minuten garen.

Den Rucolasalat kurz unter fließendem Wasser abspülen, trocken schleudern, zu Bündeln zusammenfassen und die langen Stiele abdrehen.

Die Eier hart kochen, abschrecken, schälen und achteln.

Den Kochschinken halbieren und in Streifen schneiden.
Die getrockneten Tomaten und die Basilikumblätter klein hacken.

Den Spargel in große Stücke schneiden, mit den Tomaten und den Schinkenstreifen mischen.

Für das Dressing Olivenöl, Balsamico, Salz und Pfeffer verrühren.

Den Rucolasalat mit allen Zutaten in einer Schale anrichten, mit dem Salatdressing beträufeln und frisch gehobelten Parmesan darüber verteilen.

Pro Portion	kcal	kJ	Fett	Eiweiß	KH
Gesamt ca.	343,2	1436,1	22,5	27,1	6,5

Zubereitungszeit: ca. 20 Minuten

Spinatsalat mit Lachs

Italien

500 ml Salzwasser mit den frischen Dillzweigen und vier Zitronenscheiben zum Kochen bringen.

Die Lachsscheiben in den Sud geben, ca. 6 Minuten bei geringer Hitze ziehen lassen, herausnehmen und abkühlen lassen.

Den Spinat putzen, harte Stiele entfernen, waschen und abtropfen lassen.

Eier hart kochen, abschrecken, schälen und in große Stücke schneiden. Die Schalotten schälen und würfeln.

Aus Olivenöl, Weißweinessig, Salz, Steviapulver, Schalotten und Senf ein Dressing rühren.

Das abgekühlte Lachsfleisch in mundgerechte Stücke teilen.

Zwei Teller mit den Spinatblättern auslegen, den Lachs und die Eier darauf verteilen, mit dem Salatdressing beträufeln und mit je einer Limettenscheibe und einem Petersilienzweig garnieren.

Zutaten
2 Portionen

Salz
1 Bund Dill
1 Zitrone, unbehandelt
250 g Lachs, frisch
120 g Blattspinat, frisch
2 Eier
2 Schalotten
3 EL Olivenöl
2 EL Weißweinessig
1 Prise Steviapulver
1 TL Senf
2 Limettenscheiben
2 Petersilienzweige

Pro Portion	kcal	kJ	Fett	Eiweiß	KH
Gesamt ca.	387,8	1639,3	29,8	28,2	1,3

Zubereitungszeit: ca. 20 Minuten

Frankreich

Salat Niçoise

Zutaten
2 Portionen

150 g grüne Bohnen
150 g Salatgurke
50 g Radieschen
1 Paprika, gelb
100 g Cocktailtomaten
2 Eier
150 g Thunfisch, in Öl
30 g Sardellen, in Öl
200 g Blattsalate,
(Kopfsalat, Rucola, Radicchio)
4 EL Olivenöl
2 EL Weißweinessig
1 Knoblauchzehe
½ TL Senf
Salz
Pfeffer, schwarz, frisch gemahlen
30 g Oliven, schwarz
20 g Kapern
Schnittlauch

Die Bohnen putzen, waschen, halbieren, in kochendem Salzwasser ca. 6 Minuten bissfest garen, mit kaltem Wasser abschrecken und in einem Sieb abtropfen lassen.

Die Salatgurke schälen und in ca. 3 mm dicke Scheiben schneiden. Radieschen waschen, putzen und achteln.

Paprika waschen, halbieren, entkernen und in grobe Stücke schneiden. Tomaten waschen und in Spalten schneiden.

Die Eier hart kochen, kalt abschrecken, schälen und vierteln. Thunfisch und Sardellen in einem Sieb gut abtropfen lassen. Sardellen halbieren, den Thunfisch grob auseinanderzupfen.

Die drei verschiedenen Blattsalate putzen, waschen und trocken schleudern.

Aus Olivenöl, Weißweinessig, zerdrücktem Knoblauch, Senf, Salz und Pfeffer ein Dressing rühren.

Alle Zutaten auf einer Platte anrichten, Oliven, Kapern und Schnittlauch darüber verteilen und mit dem Dressing beträufeln.

Pro Portion	kcal	kJ	Fett	Eiweiß	KH
Gesamt ca.	494,5	2062,3	31,6	36,3	14,7

Zubereitungszeit: ca. 25 Minuten

Eisbergsalat mit Putenfilet

Frankreich

Den Eisbergsalat in dünne Streifen schneiden, waschen, trocken schleudern und auf einer Platte anrichten.

Die Salatgurke schälen und in kleine Würfel schneiden. Cocktailtomaten achteln. Paprika halbieren, Kerne entfernen und in Streifen schneiden. Die Radieschen achteln.

Die Salatzutaten auf dem Eisbergsalat verteilen.

Ein Ei hart kochen, abschrecken, schälen und nur das Eigelb für das Dressing verwenden. Schalotte und Knoblauchzehe schälen und in sehr feine Würfel schneiden.

Das Eigelb mit Senf, Olivenöl, Balsamico, Zwiebel, Knoblauch, feingehackter Petersilie, Salz und Pfeffer verrühren.

Das Putenfleisch kalt abwaschen, trocken tupfen und in Streifen schneiden. Olivenöl in einer beschichteten Pfanne erhitzen, das Fleisch goldgelb anbraten, mit Paprikapulver, Salz und Pfeffer würzen.

Die Putenstreifen auf dem Salat verteilen, das Dressing darüberträufeln und mit einem Petersilienzweig garnieren.

Pro Portion	kcal	kJ	Fett	Eiweiß	KH
Gesamt ca.	323,7	1352,5	19,5	27,8	9,8

Zubereitungszeit: ca. 30 Minuten

Zutaten
2 Portionen

Eisbergsalat:
150 g Eisbergsalat
200 g Salatgurke
120 g Cocktailtomaten
60 g Paprika, rot
60 g Radieschen
1 Eigelb
1 Schalotte
1 Knoblauchzehe
½ TL Senf
3 EL Olivenöl
2 EL Balsamico bianco
2 Petersilienzweige
Salz
Pfeffer, schwarz, frisch gemahlen

Putenfilet:
200 g Putenfilet
1 EL Olivenöl
Paprikapulver
2 Petersilienzweige

Frankreich

Zutaten
2 Portionen

2 Chicoréestauden
2 Karotten
2 Zitronen
100 g Roquefortkäse
100 g Sahne
100 g Crème fraîche
Salz
Pfeffer, weiß, frisch gemahlen

Chicorée mit Käsedip

Den Chicorée putzen, den harten Kern keilförmig ausschneiden und die Blätter einzeln ablösen.

Die Karotten schälen, halbieren und in dünne Spalten scheiden.

Eine Zitrone auspressen, den Saft in zwei Gläser verteilen und die Chicoréeblätter und die Karottenspalten darin anrichten.

Die zweite Zitrone zur Dekoration in Scheiben schneiden.

Den Roquefort zerbröseln, mit der Sahne und der Crème fraîche in einem Mixer pürieren.

Mit Salz und Pfeffer würzen.

Die Roquefortcreme in Schälchen füllen und mit je einer Zitronenscheibe garnieren.

Pro Portion	kcal	kJ	Fett	Eiweiß	KH
Gesamt ca.	471,0	1994,8	42,5	13,0	13,7

Zubereitungszeit: ca. 15 Minuten

Feldsalat mit Birne

Frankreich

Zutaten
2 Portionen

120 g Feldsalat
2 Birnen
500 ml Weißwein
1 Rosmarinzweig
6 Walnüsse
80 g Gorgonzola
150 g Mozzarellabällchen
3 EL Walnussöl
2 EL Balsamico bianco
Salz
Pfeffer, schwarz, frisch gemahlen

Den Feldsalat putzen, waschen und trocken schleudern.

Die Birnen schälen, putzen, halbieren und in Spalten schneiden.

Den Weißwein mit dem Rosmarinzweig erhitzen, Birnenspalten zugeben und ca. 4 Minuten leicht köcheln lassen. Sofort herausnehmen und abkühlen lassen.

Die Walnusshälften in einer beschichteten Pfanne ohne Fett anrösten.

Den Gorgonzola in große Würfel schneiden, die Mozzarellabällchen abtropfen lassen.

Feldsalat, Birnen, Gorgonzola, Mozzarella und Walnüsse auf einer Platte anrichten.

Aus Walnussöl, Balsamico, Salz und Pfeffer ein Dressing rühren und über den Salat träufeln.

Pro Portion	kcal	kJ	Fett	Eiweiß	KH
Gesamt ca.	496,1	2073,0	41,2	20,8	11,6

Zubereitungszeit: ca. 30 Minuten

Griechenland Bauernsalat

Zutaten
2 Portionen

1 Römersalat
1 Zwiebel, rot
150 g Salatgurke
150 g Tomaten
100 g Paprika, rot
100 g Schafskäse
1 Bund Petersilie
2 Feigen
4 Artischockenherzen, aus dem Glas
50 g Oliven, mit Paprikafüllung
3 EL Weißweinessig
1 EL Limettensaft
4 EL Walnussöl
Salz
Pfeffer, schwarz, frisch gemahlen

Den Römersalat putzen, waschen und trocken schleudern.

Zwiebel schälen und in dünne Ringe schneiden.

Gurke, Tomaten und Paprika putzen, waschen und in Stücke schneiden. Den Schafskäse grob würfeln.

Petersilie waschen, trocken tupfen und fein hacken.

Die Feigen waschen und vierteln, die Oliven halbieren.

Die Artischockenherzen abtropfen lassen und in Stücke schneiden.

Für das Dressing Weißweinessig, Limettensaft, Walnussöl, Salz und Pfeffer verrühren.

Alle Salatzutaten mit dem Dressing in eine Schüssel geben und mischen.

Auf einer Platte anrichten und mit der Petersilie bestreuen.

Pro Portion	kcal	kJ	Fett	Eiweiß	KH
Gesamt ca.	347,7	1450,7	25,8	11,9	16,3

Zubereitungszeit: ca. 20 Minuten

Schichtsalat

Griechenland

Zutaten
2 Portionen

200 g Putenfleisch
2 Zwiebeln
2 EL Olivenöl
Salz
Pfeffer, schwarz, frisch gemahlen
½ TL Thymian, getrocknet
½ TL Paprikapulver, edelsüß
200 g Spitzkohl
200 g Salatgurke
2 Knoblauchzehen
200 g Tomaten
250 g Joghurt, 1,5%
Zaziki-Gewürzsalz
2 Petersilienzweige

Das Putenfleisch waschen, trocken tupfen und in feine Streifen schneiden.

Eine Zwiebel schälen und grob würfeln. Das Olivenöl in einer beschichteten Pfanne erhitzen und das Putenfleisch ca. 5 Minuten goldgelb anbraten. Die Zwiebelwürfel zum Schluss zugeben und mitbraten.

Mit Salz, Pfeffer, Thymian und Paprikapulver würzen, herausnehmen und abkühlen lassen.

Den Spitzkohl putzen, waschen und in feine Streifen schneiden. Gurke schälen, halbieren und in dünne Scheiben schneiden. Knoblauch schälen und durch eine Knoblauchpresse drücken. Tomaten waschen, halbieren und in Scheiben schneiden. Die zweite Zwiebel schälen und fein würfeln.

Joghurt, Zwiebelwürfel und Knoblauch verrühren, mit Salz, Pfeffer und Zaziki-Gewürz abschmecken.

Putenfleisch, Spitzkohl, Gurken, Tomaten und Joghurt abwechselnd in zwei Gläser schichten, mit einem Petersilienzweig garnieren.

Pro Portion	kcal	kJ	Fett	Eiweiß	KH
Gesamt ca.	345,6	1447,1	14,1	34,8	15,9

Zubereitungszeit: ca. 20 Minuten

Dessert

Frankreich

Zutaten
2 Portionen

2 Blatt Gelatine, weiß
1 Limette, unbehandelt
3 Eier
1 Msp. Steviapulver
100 ml Weißwein
100 g Sahne
2 Limettenscheiben
2 Minzeblätter

Limetten-Weincreme

Die Gelatine in kaltem Wasser einweichen.

Die Limette heiß abwaschen, trocken tupfen, die Schale fein abreiben, den Saft auspressen.

Eier und Stevia in einem Topf mit dem Schneebesen schaumig schlagen. Limettensaft, Schale und Wein langsam einrühren und bei geringer Hitze erwärmen. Nicht aufkochen lassen.

Die Gelatine ausdrücken, in einem warmen Wasserbad auflösen und unter die Creme rühren. Kalt stellen, bis sie beginnt fest zu werden.

Die Sahne steif schlagen und unterheben.

Die Creme in Schälchen füllen und ca. 3 Stunden im Kühlschrank fest werden lassen.

Mit einem Minzeblatt und einer Limettenscheibe garnieren.

Pro Portion	kcal	kJ	Fett	Eiweiß	KH
Gesamt ca.	291,4	1220,0	22,6	9,2	3,5

Zubereitungszeit: ca. 3 Stunden 30 Minuten

Himbeer-Vanillecreme

Frankreich

Zutaten
2 Portionen

125 ml Milch
2 Eier
1 TL Vanillezucker
1 Msp. Steviapulver
100 g frische Himbeeren
1 TL Limettensaft

Die Milch in einem Topf erhitzen.

Die Eier, den Vanillezucker und eine Prise Stevia mit einem Handrührgerät schaumig schlagen.
Die heiße Milch unter ständigem Rühren dazugeben.

Die Eiermilchmischung in zwei Schälchen füllen und in einem Wasserbad im vorgeheizten Backofen bei 180 °C ca. 20 Minuten stocken lassen.

Die frischen Himbeeren mit einer Gabel zerdrücken, den Limettensaft hinzufügen und mit einer Prise Stevia süßen.

Die Vanillecreme aus dem Ofen nehmen und erkalten lassen.

Das Beerenmus als Kranz auf die Vanillecreme setzen und mit einer ganzen Himbeere garnieren.

Pro Portion	kcal	kJ	Fett	Eiweiß	KH
Gesamt ca.	137,2	574,4	6,8	8,0	9,3

Zubereitungszeit: ca. 30 Minuten

Italien

Zutaten
2 Portionen

1 Kiwi
80 g Ananas
80 g Himbeeren
1 Zitrone, unbehandelt
50 ml Marsala
2 Eigelb
1 Msp. Steviapulver

Zabaione mit Früchten

Kiwi schälen, halbieren und in feine Scheiben schneiden.
Ananas in kleine Stücke schneiden.

Himbeeren, Kiwi und Ananas mischen und auf zwei Dessertschälchen verteilen.

Die Zitrone heiß abwaschen, die Hälfte der Schale fein abreiben und den Saft auspressen.

Marsala, Eigelb, Zitronenschale, 1 EL Zitronensaft und 1 Prise Steviapulver in einer Schüssel verrühren.

In einem heißen Wasserbad mit dem Schneebesen zu einer dicklichen Creme aufschlagen.

Die Zabaione auf die Früchte verteilen und sofort servieren.

Pro Portion	kcal	kJ	Fett	Eiweiß	KH
Gesamt ca.	152,5	638,1	6,6	4,4	10,9

Zubereitungszeit: ca. 15 Minuten

Cappuccino-Creme

Italien

Mascarpone und Joghurt in eine Schüssel füllen und mit dem Schneebesen unterrühren, bis eine glatte Creme entsteht.

Stevia, Vanillezucker und Cappuccinopulver zufügen und so lange rühren, bis sich das Pulver aufgelöst hat.

Die Sahne in einen Becher füllen und mit dem Handrührgerät auf höchster Stufe steif schlagen.

Sahne mit dem Schneebesen locker unter die Creme heben und in zwei Dessertschälchen füllen.

Die Cappuccino-Creme für ca. 1 Stunde kalt stellen.

Vor dem Servieren die Creme dünn mit Kakao bestreuen und mit einer Orangenscheibe dekorieren.

Zutaten
2 Portionen

200 g Mascarpone
50 g Joghurt
1 Msp. Steviapulver
5 g Vanillezucker
10 g Cappuccinopulver
50 g Sahne
5 g Kakao
2 Orangenscheiben

Pro Portion	kcal	kJ	Fett	Eiweiß	KH
Gesamt ca.	469,7	1968,7	43,3	5,7	12,5

Zubereitungszeit: ca. 1 Stunde 10 Minuten

Spanien

Zutaten
2 Portionen

200 g Erdbeeren
1 Kiwi
150 g Ziegenfrischkäse
50 g Sahne
50 g Crème fraîche
1 Msp. Steviapulver
1 TL Vanillezucker
2 Minzezweige

Erdbeer-Frischkäsecreme

Die Erdbeeren waschen, putzen, vierteln und in zwei Glasschälchen anrichten.

Die Kiwi schälen und in feine Scheiben schneiden.

Ziegenfrischkäse, Sahne und Crème fraîche in einer Schüssel mit dem Handrührgerät zu einer cremigen Masse verrühren.

Mit Steviapulver und etwas Vanillezucker süßen.

Die Creme auf den Erdbeeren verteilen, mit den Kiwischeiben und je einem Minzezweig garnieren.

Pro Portion	kcal	kJ	Fett	Eiweiß	KH
Gesamt ca.	325,9	1714,2	32,3	15,7	12,5

Zubereitungszeit: ca. 15 Minuten

Mango-Joghurt

Griechenland

Zutaten
2 Portionen

- 1 Mango, reif
- 1 Limette, unbehandelt
- 2 Msp. Steviapulver
- 200 g griechischer Sahnejoghurt
- 1 Msp. Kardamom, gemahlen
- 2 Limettenscheiben

Die Mango schälen, das Fleisch vom Stein lösen und in grobe Stücke schneiden.

Die Limette heiß abwaschen, trocken tupfen, die Schale fein abreiben, den Saft auspressen.

Mangofleisch, Limettensaft, -schale und 1 Msp. Stevia pürieren.

Den griechischen Sahnejoghurt mit 2 EL Mangopüree, Kardamom und 1 Msp. Stevia mischen.

Das restliche Mangopüree und den Joghurt abwechselnd in zwei Gläser schichten, ca. 1 Stunde kalt stellen.

Mit einer Limettenscheibe garnieren.

Pro Portion	kcal	kJ	Fett	Eiweiß	KH
Gesamt ca.	121,9	509,5	3,2	4,4	22,2

Zubereitungszeit: ca. 1 Stunde 10 Minuten

Nährwerte

	KH je 100 g
Geflügel	
Ente	0,0
Entenbrust (Barberie)	0,1
Gans	0,0
Huhn, Brathähnchen	0,0
Pute	0,0
Lamm und Hammelfleisch	
Brust	0,0
Filet	0,0
Keule	0,0
Kotelett	0,0
Lende	0,0
Muskelfleisch	0,0
Schnitzel	0,0
Kalbfleisch	
Brust	0,0
Filet	0,0
Haxe	0,0
Kotelett	0,0
Leber	4,0
Niere	0,8
Schnitzel	0,0
Zunge	0,9
Rindfleisch	
Corned beef	0,0
Filet	0,0
Leber	5,3
Muskelfleisch	0,0
Niere	0,9
Ochsenschwanz	0,0
Rinderhack (Tatar)	1,3
Zunge	0,4
Schweinefleisch	
Eisbein	0,0
Filet	0,0
Kamm	0,0
Kasseler	0,0
Keule	0,0
Kotelett	0,0
Leber	0,5
Mett	0,0
Niere	0,8
Schnitzel	0,0
Speck	0,0
Wild	
Hase	0,0
Hirsch	0,0
Reh	0,0
Wildschwein	0,0
Wurst / Schinken	
Bresaola	1,0
Chorizo	2,0
Frankfurter Würstchen	0,5
Lachsschinken	1,0
Parmaschinken	0,2
Räucherspeck	0,0
Rinderschinken	0,5
Roastbeef, Aufschnitt	0,0
Schinken, gekocht	1,0
Schinkenwurst	1,0
Schweinebratwurst	1,7
Serranoschinken	0,1

	KH je 100 g
Wienerle	1,0
See-Fische	
Barsch	0,0
Heilbutt	0,0
Hering	0,0
Kabeljaufilet	0,0
Makrele	0,0
Rotbarsch	0,0
Sardine	0,0
Scholle	0,0
Seehecht	0,0
Seelachs	0,0
Seezunge	0,0
Thunfisch	0,0
Muscheln / Meerestiere	
Austern	4,7
Garnelen	0,0
Hummer	0,0
Languste	1,1
Miesmuschel	0,2
Tintenfisch	0,0
Süßwasserfische	
Aal	0,0
Barsch	0,0
Brasse	0,0
Felchen	0,0
Forelle	0,0
Hecht	0,0
Karpfen	0,0
Lachs	0,0
Zander	0,0
Fischkonserven	
Aal, geräuchert	0,0
Bismarckhering	0,0
Brathering	0,0
Bückling	0,0
Heringsfilet in Tomatensoße	2,4
Krebsfleisch, Dose	0,0
Lachs, in Öl	0,0
Lachs, geräuchert	0,0
Makrele, geräuchert	0,0
Ölsardinen	0,0
Salzhering	0,0
Sardellenfilet	0,0
Schillerlocken	0,0
Seeaal, geräuchert	0,0
Seelachs, in Öl	0,0
Thunfisch, in Öl	0,0
Thunfisch, in Wasser	0,0
Käse	
Appenzeller, 45% Fett i. Tr.	0,0
Bergkäse, 45% Fett i. Tr.	0,0
Bleu d'Auvergne, 50% Fett i. Tr.	0,0
Bleu de Bresse, 50% Fett i. Tr.	0,0
Brie, 50% Fett i. Tr.	0,0
Camembert, 45% Fett i. Tr.	0,0
Camembert, 60% Fett i. Tr.	0,0
Caverna, 50% Fett i. Tr.	1,0
Comte (President)	0,0
Edamer, 30% Fett i. Tr.	0,7
Edamer, 45% Fett i. Tr.	1,0
Emmentaler, 45% Fett i. Tr.	0,5

	KH je 100 g
Esrom, 45% Fett i. Tr.	1,0
Feta aus Kuhmilch	1,0
Frischkäse mit Kräutern (Mibel)	3,0
Fromage blanc (Bibileskäse)	3,7
Gorgonzola	0,0
Gouda, 40% Fett i. Tr.	0,0
Gruyère, 45% Fett i. Tr.	0,0
Harzer, Handkäse	0,0
Frischkäse, körnig	0,0
Leerdamer, 45% Fett i. Tr.	0,0
Limburger, 20% Fett i. Tr.	0,0
Limburger, 40% Fett i. Tr.	0,0
Lindenberger, 30% Fett i. Tr.	0,0
Lindenberger, 45% Fett i. Tr.	0,0
Maasdamer, 45% Fett i. Tr.	0,0
Maaslander, 50% Fett i. Tr.	0,0
Mascarpone (Galbani)	4,0
Mozzarella (Cucina)	1,5
Parmesan, 32% Fett i. Tr.	0,0
Ricotta (Santa Lucia)	3,6
Romadur, 30% Fett i. Tr.	0,0
Schmelzkäse, 30% Fett i. Tr.	5,7
Schnittkäse (Roi de Treffle)	2,0
Ziegen-Schnittkäse, (Jagibo)	0,0
Ziegen-Weichkäse, 45% Fett i. Tr.	0,0
Milchprodukte / Sahne	
Crème fraîche	2,3
Fruchtquark, 20% Fett i. Tr.	15,2
Joghurt	4,3
Milch	4,9
Sahne	3,3
Speisequark, mager	4,0
Speisequark, 20% Fett i. Tr.	3,4
Topfen, bayr. Speisequark	2,9
Gemüse	
Aubergine	2,5
Avocado	6,2
Blumenkohl	2,3
Bohnen, grün/frisch	5,1
Brokkoli	2,5
Champignons, Dose	0,5
Champignons, frisch	0,6
Chicorée	2,3
Chinakohl	1,2
Eisbergsalat	1,9
Endivien	1,1
Erbsen	10,6
Essiggurke	2,5
Feldsalat	0,7
Fenchel	2,8
Frühlingszwiebeln	3,0
Grünkohl	2,5
Salatgurke	1,8
Ingwer	11,0
Karotten	4,8
Kartoffel	14,9
Knoblauch	28,4
Kohlrabi	3,7
Kopfsalat	1,1
Lauch	3,2
Mangold	0,7
Morcheln	0,5

Nährwerte

	KH je 100 g
Mungosprossen	4,7
Paprika	2,9
Pastinake	2,5
Petersilie	7,3
Pfeffer, grün, Glas	2,2
Pfifferlinge	0,2
Pfifferlinge, Dose	0,2
Radicchio	1,5
Radieschen	2,0
Rettich	1,9
Rhabarber	1,4
Rosenkohl	3,3
Rote Bete	8,4
Rotkraut	3,2
Rucola	2,1
Sauerkraut	0,8
Schnittlauch	1,6
Sellerie	2,3
Sojasprossen	4,7
Spargel	2,2
Spargel, Dose	1,0
Spinat	0,6
Suppengrün, frisch	3,6
Schwarzwurzel	1,6
Stangensellerie	2,2
Tomate	2,6
Weißkohl	4,2
Wirsing	2,4
Zucchini	2,2
Zwiebel	4,9
Obst	
Ananas	12,5
Apfel	11,6
Banane	22,1
Birne	12,4
Brombeere	6,1
Granatapfel	16,7
Erdbeere	5,6
Feige	14,0
Heidelbeere	6,0
Himbeere	4,7
Honigmelone	12,2

	KH je 100 g
Johannisbeere	5,0
Kirsche	13,3
Kiwi	9,1
Limette	1,9
Mandarine	10,1
Mango	12,6
Honigmelone	13,1
Oliven, grün	1,9
Oliven, schwarz	4,8
Orange	8,3
Papaya	2,3
Quitte	7,3
Rosinen, getrocknet	68,6
Trauben, grün	15,1
Wassermelone	8,3
Zitrone	8,1
Nüsse / Kerne	
Cashewnüsse	30,5
Erdnüsse	7,1
Haselnüsse	11,4
Kürbiskerne	2,2
Macadamia	3,9
Mandeln	3,6
Mandeln, geröstet/gesalzen	9,1
Paranüsse	3,6
Pinienkerne	20,0
Sonnenblumenkerne	12,3
Walnüsse	12,0
Gewürze	
Basilikum (frisch)	5,1
Dill	8,0
Estragon (frisch)	6,3
Fenchelsamen	36,6
Koriander (frisch)	3,7
Pfeffer, schwarz	50,6
Rosmarin (frisch)	10,0
Safran	0,0
Salbei (frisch)	15,6
Salz	0,0
Senf	0,5
Stevia	0,0
Zitronenthymian	7,4

	KH je 100 g
Verschiedenes	
Essig	0,7
Gemüsebrühe (Instant)	0,0
Stevia	0,0
Rinderbrühe (Instant)	0,6

Nährwerte unterliegen Schwankungen, bitte achten Sie auf die Angaben der Hersteller.

Notizen

Rezepte nach Ländern

Frankreich

Frühstück und Lunch

Suppen

Fleisch

Geflügel

Fisch und Meeresfrüchte

Gemüse

Salat

Dessert

Griechenland

Frühstück und Lunch

Suppen

Fleisch

Geflügel

Fisch und Meeresfrüchte

Gemüse

Salat

Dessert

Italien

Spanien

Marokko

Tunesien

Fleisch

Zypern

Fisch und Meeresfrüchte

Türkei

Fisch und Meeresfrüchte

Geflügel

Rezeptregister von A – Z

Steviapulver:

Stevia ist die natürliche Alternative zu Zucker und synthetischen Süßstoffen und kann alle Variationen von Nachspeisen versüßen. Das feinpulvrige Extrakt, das aus den Blättern der Steviapflanze gewonnen wird, ist viel süßer als herkömmlicher Süßstoff. 30 Milligramm Steviapulver ersetzen ungefähr 100 Gramm (!) Zucker. Das hochkonzentrierte Pulver sollte daher sehr vorsichtig dosiert werden. Ständiges Abschmecken ist hierbei unverzichtbar. Am besten nimmt man dafür eine Messerspitze zur Hilfe und rührt nach und nach eine kleine Prise Steviapulver ein.

Kräuter und Gewürze:

Basilikum: für die gesamte mediterrane Küche, Vorspeisen, Hauptgerichte und Desserts

Bergkümmel: in der türkischen Küche zu Eintöpfen, Kohl- und Tomatengerichten

Cayennepfeffer: dunkle Rindfleischspeisen, Fisch, Salate

Chili: Fleisch- und Fischspeisen, Soßen, Eintöpfe

Dill: Salate, Fischgerichte

Estragon: Fisch, Kalb und Lamm, für Salate und Soßen

Fenchel: der getrocknete Samen für Fischgerichte, Gemüse und Süßspeisen, Fenchelknolle als Gemüse

Ingwer: für die gesamte mediterrane Küche, Vorspeisen, Hauptgerichte und Desserts

Schwarzer Kardamon: Fischgerichte, Hack- u. Hammelfleischgerichte, gebratenes Hähnchen

Kerbel: Salate, Suppen, Soßen, Grillgerichte, Hammel- u. Hühnerfleisch, Pilzgerichte

Knoblauch: Universalgewürz für alle herzhaften Speisen

Koriander: Soßen, Marinaden, Fisch, Fleisch, Wirsing-, Weiß- u. Rotkohl, Möhren

Kümmel: Braten und Soßen, Kohl und Salate, Pilzsuppen

Lorbeer: Fischsud, Gulasch, Weiß- und Rotkohl-Gerichte, Wild, Koch- u. Schmorfleisch, Einlegegewürz, Sülzen

Majoran: Fleischgerichte, insbesondere Geflügel, Salate, Pasteten, Innereien

Melisse: Ersatz für Zitronengras, zu Fisch, Geflügel, Salaten, Süßspeisen

Muskat: Rosenkohl, Blumenkohl, Salate, Käseaufläufe, Schwarzwurzeln, Möhren, Spinat

Oregano: für die gesamte mediterrane Küche, Vorspeisen, Hauptgerichte und Desserts

Paprikapulver süß: geschmortes Rindfleisch, Huhn, Gulasch, Tomatensuppe

Petersilie: Gemüse, Salate, Suppen

Rosmarin: Fleischgerichte, Lamm, Fisch, Marinaden, Käse-, Pilz- und Tomatenzubereitungen

Safran: Suppen, Gemüse, Huhn, Soßen

Salbei: Fleischgerichte, italienische Küche

Wacholder: Braten, Soßen, Sauerkraut, Beizen, Wild, Fischgerichte und -marinaden

Zimt: Braten, arabische Küche, Rotkohl, Desserts, Obstzubereitungen, Quark

Zitronenthymian: Fisch, Fleisch, Suppen, Salate und Desserts

Weitere Kochbücher nach Low Carb

Edeltraud Rückert

Die Erfolgsdiät
Low Carb

144Seiten / gebunden
Format: 21 x 28 cm

€ (D) 16,95 sFr 25,50 € (A) 17,50

ISBN 978-3-7806-9000-5

Edeltraud Rückert

Die Erfolgsdiät
Low Carb light

144Seiten / gebunden
Format: 21 x 28 cm

€ (D) 16,95 sFr 25,50 € (A) 17,50

ISBN 978-3-7806-9001-2

- Erfolgreich abnehmen
- Über 100 leichte, kohlenhydratarme Rezepte
- Alltagstauglich und einfach nachzukochen

Impressum

Wichtige Information!
Dieses Buch ist kein medizinischer Ratgeber, sondern beruht auf den eigenen Erfahrungen und Meinungen der Autorin. Die Rezepte und Anregungen wurden nach bestem Wissen erstellt. Die Autorin und der Verlag können keine Haftung für eventuell mögliche Nachteile oder Schäden, gleich welcher Art, übernehmen. Alle Hinweise und Denkanstöße entbinden Sie nicht von Ihrer eigenen Verantwortung.

1. Auflage 2014

Fotografie, Layout, Gestaltung, Satz, Reproduktion: Edeltraud Rückert

Printed in Slovakia

ISBN 978-3-7806-9002-9